笑《わら》育《いく》

………「笑い」で育む
21世紀型能力

松竹芸能事業開発室「笑育」プロジェクト

毎日新聞出版

笑育

「笑い」で育む
21世紀型能力

はじめに

「笑い」×「教育」＝「笑育《わらいく》」は、21世紀を生き抜くうえで求められる力（いわゆる21世紀型能力）を培うことを目指した新しい教育プログラムです。

松竹芸能株式会社は2012年から笑育のプログラム開発に取り組み、これまでに小学生から大学生までを中心に幅広い年齢層を対象として実施してきました。その斬新な取り組みは数多くのメディアで取り上げられ、各方面から注目を集めています。

笑育の特徴は、プロのお笑い芸人が講師を務める点にあり、受講者はお笑い芸人から直接「笑い」の基礎を学びます。といっても、笑いに関する小手先のテクニックを学ぶことが目的ではありません。笑いを追究していくと、世界と向き合う自分のあり方そのものが問われます。

笑育は笑いを生み出すために求められる根本的な姿勢・態度を育むことを大切にしており、そのうえで「面白さ」を通して21世紀型能力を培うことを目指しています。

本書は大まかに理論編と実践編に分けられます。

第1章では笑育の実践を支える理論について解説を行います。ここでは、松竹芸能所属のタレント（お笑い芸人、落語家、アナウンサーなど）、34組計54人へのインタビューをもとに定式化された「笑育指導要領」を取り上げながら、笑育の目的や意義を明らかにします。

第2章では、学校現場で実際に行われている笑育の内容について、具体例を交えながら紹介します。

第3章では、その応用や広がりについて論じています。

「笑い」と「教育」が組み合わさった時、どんな地平が拓かれるのか。教育の新たなる可能性と出会うための第一歩を踏み出しましょう。

東京理科大学教育支援機構教職教育センター准教授　井藤元

目次

第2章

笑育授業の進め方

第3章 広がる笑育

装丁　坂根　舞（井上則人デザイン事務所）

第1章

笑育で変わる子どもたち

1

「笑い」で育てる21世紀型能力

■新たなアクティブ・ラーニング型授業

「人を笑顔にできることがうれしい」
「たくさんの人の前で、笑顔で発表できるようになった」

これらは、笑育の授業を受けた小学校4年生の児童が、自分の変化について記したアンケートの一部です。

ここでは紹介しきれないくらい、成果を実感したという報告がありました。教師からは、授業後「積極的に手を挙げるようになった」「クラスが明るくなった」などの声が寄せられています。

もちろん、すべての児童が授業開始時から積極的だったわけではありません。初回の授業では、自由な発言を求めてもなかなか手を挙げなかったり、黙って下を向いてしまったりと、充分に力を発揮できない子もいました。

ところがたった5回の笑育の授業で、彼らは目覚ましく変化したのです。

笑育とは、プロの芸人が講師を務め、子どもたちのコミュニケーション力や発想力の向上を目指す、新しいアクティブ・ラーニング型の教育プログラムです。

２０１２年にはじまったこの取り組みは、現在50以上の全国の小学校、中学校、高校、大学で実践されています。

笑育は、「自分の気持ちや意見をうまく伝えられない」「人前で話すのが苦手」などの**課題を抱える子どもたちが、ネタづくりやコンビの相方とのやりとり、漫才の練習や発表を通して、コミュニケーション力や表現力、問題解決能力などを身につけていく**ためのプログラムとして作られました。

さらに、笑育を受講した子どもたちが「自分の課題とは何か」「他者から見た、長所・短所を含めた自分の特徴とは何か」を的確に捉えることで、**自己分析能力を養っていく**ことも目指しています。

プロの芸人が講師を務める「出前授業」において、芸人は受講者たちに漫才づくりを一から十まで教えるわけではありません。漫才や笑いに関するスタイルは十人十色。それらすべてを網羅して伝えることは不可能だからです。

大阪府池田市立石橋小学校５年生に向けて行った笑育授業。
写真を見て発想したアイデアを発表する児童たち

芸人がポイントをわかりやすく教えることで、受講者が積極的に漫才を完成させられるように促していきます。

授業を受けた子どもたちは、生き生きと人前で漫才の発表ができるようになりました。各自が自分たちに合うスタイルの漫才を見つけて主体的にネタを作り、練習を重ねることで表現力を向上させていったのです。

■21世紀の社会で求められる能力と学校教育

笑育は、漫才師の育成を目指す教育ではありません。また、「芸人の真似ごとをして楽しい気分を生み出し、コミュニケーションを円滑にしよう」というような安易なものでもありません。

「今、子どもたちに必要とされる教育とは何か？」という真摯《しんし》な問いかけのもとに生まれたのが笑育なのです。

グローバル化、IT化がさらに進んでいくことを前提とした21世紀の社会では、これまでとは異なる新たな能力が求められるようになりました。

アメリカでは、そうした能力を総称する「21世紀型スキル（能力）」が提唱され、その能力はOECD（経済協力開発機構）では「キー・コンピテンシー」、イギリスでは「キー・スキル」と呼ばれています。

国内では、内閣府の「人間力」、経済産業省の「社会人基礎力」が提言されています。

それぞれ呼び名は異なりますが、主に「**複雑化して変化の激しい社会を生き抜く力**」を指しています。これらの能力を個別に見ていくと、「コミュニケーション力」「課題発見力」「創造力」「協同力（協調する能力）」などが示されています。

笑育の目的は、まさに「笑い」を通じてこうしたスキル（21世紀型能力）を

育成することにあるのです。

会社の終身雇用が当たり前ではなくなった現在、転職を重ねながらキャリアアップしていくような生き方は特別なことではありません。

さらに、コンピュータの技術革新はさらに加速し、10年〜20年で今ある職業の半数近くがなくなっていくだろうと推測されています。

今後、働き方、生き方そのものが、より変化していくことが予想されているのです。

そのため、これから社会に出ていく子どもたちは、新たな局面に直面しても、臨機応変に物事を判断しながら、自分がすべきことを考える「課題発見力」や「発想力」、どのような仕事においても自分の考えをわかりやすく伝える「表現力」が求められます。

また、グローバル化が進んだ社会では、多様な価値観を受け入れていくことも大切です。その時に問われるのは「コミュニケーション力」です。

価値観が異なる相手と対話や議論をして考えをすり合わせる時に、感情に流されていては相手の考えを理解することができません。そういった局面では、自分の主張や考えを論理的に説明して正確に伝える「論理的思考力」や、物事を客観的に捉えるための「批判的思考力」が必要です。

高度経済成長期の日本では、多くの知識を身につけ、その情報を素早く処理する力が求められてきました。

しかし、**知識を正確に暗記し、素速く計算ができる能力を養うための「詰め込み型教育」で培われる学力だけでは、これからの社会では通用しない**という危機感を多くの人が持っています。

2020年にはセンター試験が廃止され、「大学入学共通テスト」という新しい形式の試験もスタートします。

数学と国語では記述式の問題を導入、英語では民間試験を活用するなどの内容が発表されていますが、暗記中心の勉強で乗り切れるものにはならないでしょう。**アクティブ・ラーニングなどによって養われる思考力が必要になっていく**ことが明らかになっているのです。

■笑育で身につけられる諸能力

笑いのプロである芸人たちが備えている能力を要素ごとに整理・分析してみると、「21世紀型能力」にピタリと当てはまることがわかりました。

漫才師に求められるのは、表層的な面白さだけではありません。「笑い」を意図的に生み出すためには、さまざまな能力が必要なのです。

漫才師には、漫才台本を作るための「発想力」「創造力」「構成力」「論理的思考力」、一緒にネタを作り、舞台に立つ相方との間で培われる「コミュニケーシ

笑育で育むことができる諸能力

コミュニケーション力

言語によって他者と意思疎通を図る力、場の空気を読み、ポジティブな状況に変える力、他者と協同してものごとを進める力

プレゼンテーション力

自分が考えたアイデア（「面白いこと」）を発表・表現する力

発想力／創造力

ゼロからアイデア（「面白いこと」）を生み出す力

論理的思考力（編集力／構成力）

自分が考えたアイデア（「面白いこと」）を、どの順序で、どのように話すかを構成する力

↓

問題解決力

正解のない問いに対して、試行錯誤しながら解答を導き出す力

ョン力」「協同力」、観客に見せるための「表現力」「プレゼンテーション力」など、複合的な能力が求められます。

つまり、**漫才を行うための態度や技能を身につけていくと、知らず知らずのうちに21世紀型能力が養われている**のです。

あるいは、そうした能力が身についていなければ、良質な笑いを生みだすことはできません。両者は必要十分の関係にあります。

そこで、笑育ではその目的や漫才を行ううえで必要な態度・技能を受講者たちが効果的に身につけるための基本スタンスをまとめ「笑育指導要領」を作成しました。

笑育指導要領は、松竹芸能に所属する34組54人のプロの漫才師や落語家、アナウンサー、俳優など、広く表現の仕事をしている人たちの話を教育学者が丹念に聞き取り、分析して作られました。

笑育の授業はこの笑育指導要領をもとにプログラムを組み立てています。

2

笑育メソッドを構成する3要素

ここからは、授業プログラムのベースとなっている笑育の基本スタンスを紹介します。

笑育指導要領は大きく分けて、「笑育の目的」と「笑育が育む態度・技能」の解説で構成されています。

ここでは「笑育が育む態度・技能」を細かく解説してきます。

笑育で学ぶことができる技能と態度は、「**心構え**」「**ネタ**」「**パフォーマンス**」という3つのカテゴリーに分けられ、その要素をさらに細かく分類してそれぞれの項目ごとに課題を示しています。

これらの項目は、ゆるやかにではありますが、順を追うごとにレベルが上昇していく配置になっています。

「笑育が育む態度・技能」で記した項目は、漫才師に求められる基本的な態度・技能です。これらを習得することで、21世紀型能力が習得されます。

笑いにおける「センス」がないと到達できないレベルのことは挙げていません。誰もが努力次第で身につけられる技能です。

笑育が育む態度・技能

1 心構え

1-1 基本的態度

①あいさつの徹底

②他者に対して開かれた態度を持つ

③他者に対して興味・関心を持つ（他者の話を聴く）

④他者に対して敬意を払う（観客と敵対しない）

⑤緊張感・新鮮味を保つ

1-2 自己分析

①自分を知る（自らの立ち位置の把握）

②長所を伸ばす

③短所を活かす

1-3 モデル（模倣対象）から学ぶ

①モデルを探す

②モデルに触れる（話し方、感じ方、考え方、ものの見方に触れる）

③モデルを真似る

2 ネタづくり

2-1 ネタ探し

①日常会話、面白いシチュエーションを書き留める

②情報収集（時事問題への関心）

③自分が面白いと思える言葉、表現を書き留める（ボキャブラリーを増やす）

2-2 ネタの作成

①ネタの模倣（コピー）

②パターンを元にネタを作る

③演じようとする役柄・状況について十全にイメージする

④他者に配慮したネタとなっているかの確認

⑤スベった時の保険・ネタがとんだ時の保険

2-3 ネタの練習

①本番前に何度も練習（知人の前で話す）

②話の焦点化・スリム化

③言い回しの工夫（言葉を簡素に。ネガティブな表現をポジティブに）

3 パフォーマンス

3-1 声

①滑舌

②腹式呼吸

③話のスピードを意識する

④トーン

⑤声のボリュームの調整

3-2 視線(アイコンタクト)

①人に焦点を合わせない

②一番笑ってくれる人(好意的な人)を見る

③相方と観客、両者に意識を向ける

④焦点を合わせずぼんやりと客席を見る

⑤観客全体をまんべんなく見渡す

3-3 ツカミ

①登場時のインパクト(空気を変える)

②共感を求める

③ひとつ目の笑いを確実にとる、あるいは、あえてツカまない

笑育の授業は、受講者が身につけたい能力に応じて、カリキュラムを組むことができます。

1日だけの講義スタイルで授業を行うことも可能ですし、5回や10回など複数回で行うことも可能です。

また、笑育はそれぞれの学校の指導方針に合わせて授業を行うことができるよう考案されています。

例えば、小学校でのいじめの問題に対処したいということであれば、「パフォーマンス」の項目からいくつかの要素を選ぶ、創造力や発想力を養いたいなら「ネタづくり」の項目から選ぶなど、目的や授業時間に合わせてカリキュラムを組み立てることができるのです。

では、それぞれの項目について細かく見ていきましょう。

■芸人の「心構え」から学ぶ

笑育は、受講者が漫才を作れるようになることが目的ではありません。目的は、あくまでコミュニケーション力や表現力や問題解決力を身につけることにあるのです。

そのため、単に漫才ができたら終わり、という授業にはならないようにするためにも「心構え」の確認が重要になります。

後述する「ネタづくり」と「パフォーマンス」は、常に相互作用し合っていますが、**パフォーマンスの練習やネタづくりばかりやっていても、最初の心構えができていないと一向に進歩しません。**

そのため、心構えの項目で挙げた要素を常に意識しながら、ネタづくりとパフォーマンスの段階へ進んでいくことが求められます。

1−1　基本的態度

①あいさつの徹底

あいさつはコミュニケーションの基本です。そのため、日常生活においても常にあいさつを心がけることは重要ですが、とりわけ舞台に登場する時のあいさつは、観客の心を開き、好意的な雰囲気を作り出すためにも必須と言えます。あいさつには、場の空気を和らげる作用があるのです。

思春期の学生のなかには、自ら声をかけること自体、勇気がいるという人もいるでしょう。

また、さほど親しい間柄でない人と同じ空間にいることになり、声をかけられずにシーンとしたまま場が膠着《こうちゃく》してしまうような経験は、子どものみならず、大人でもあるはずです。

あいさつの第一声を躊躇《ちゅうちょ》してしまう理由のひとつには、これまで道徳の授業などで強調されてきた「気持ちよく、心の底からあいさつしよう」というフレーズが子どもたちにとって足かせになってしまっている部分もあるのかもしれません。

確かに「心の底からあいさつしたいと思えない限りできない」と思ってしまうと、あいさつをすること自体、とても困難になってしまいます。

松竹芸能に所属するお笑い芸人、うしろシティのツッコミを担当する阿諏訪《あすわ》泰義《たいぎ》は、「心の底からあいさつをする必要はない」と言います。

「**まずはあいさつしよう。気持ちは後からついてくる**」と考えればいいのです。

こうした考え方は、自意識が過剰になりがちな思春期の生徒の態度を和らげ、**コミュニケーションの壁を越えやすくする**はずです。

②他者に対して開かれた態度を持つ

他者に対してオープンな態度を持つことは、舞台に立つ際にとても重要です。

オープンな態度というのは、「自然体な気持ちで舞台に上がる」というイメージです。過度に警戒心を持ったり、敵対心を持っていたりすると、観客に受け入れてもらうことはできません。

こうした姿勢は、**他者と打ち解けやすいパーソナリティを作る**ことにつながります。

③他者に対して興味・関心を持つ（他者の話を聴く）

他者と向き合い、対話するためには、そもそも他者に関心を持つことが必要不可欠です。興味がない相手と会話を持続させることはとても困難です。

逆に、相手に興味を持つことができれば、おのずと会話は続いていきます。

他者に関心を持つためには、じっくりと相手の声に耳を傾けることが必要です。

熱心に話を聴いているという態度を示すことで、相手の言葉から「面白さ」を引き出すこともできます。

舞台に臨む際にも、その日の観客が「どういう年齢層なのか」「男女比はどのくらいか」など事前に情報を集め、その人たちに合わせたパフォーマンスを心がけることが重要です。これも他者に興味・関心を持つということのひとつといえるでしょう。

こうした態度を通じて、**他者を理解する**ということを学んでいきます。

④他者に対して敬意を払う（観客と敵対しない）

笑育では、基本姿勢として、「他者への配慮」を重視しています。

「性格の悪い芸人は消えていく」と指摘する芸人もいるように、テレビ番組や舞台上でフリートークをしている時に他者を貶《おとし》めるような笑いをとってばかりいると、だんだん会話が回ってこなくなります。つまり、**他者の個性を活かす笑いを目指さなくては、結果的に自分が損することになるのです。**

他者への敬意は、舞台に立つうえでもっとも重要な要素です。

自分自身をネタにする際は問題ありませんが、他者をネタにする際には、それが相手を不快にさせるものでないか十分な配慮が必要です。

また、意識的であれ、無意識的であれ、舞台上で観客に対して少しでも不遜な気持ちや敵対心を抱いてしまうと、すぐさま観客に伝わり、観客とよい関係を築けなくなってしまいます。

舞台上にかぎらず、普段の他者とのかかわりにおいても、**相手に敬意を持つことで良好な人間関係を作ることができる**はずです。これは、とりわけ一緒に舞台に立つ「相方」との間においても重要です。相方との関係性は、自然と舞台上から観客に伝わるのです。

チキチキジョニーの2人は「観客を敵視して『今日の客はウケない。センスのない客だ』と思ってしまうと、その時点で負けだ」と言います。

特に大勢の人を目の前にすると、ひとりひとりを相手にするのとは異なり、怖れのような感情が沸き起こることがあります。そのため、舞台に立った瞬間から、観客と一対一で対峙《たいじ》するように心がけているそうです。

また、なすなかにしのツッコミを担当する那須晃行《なすあきゆき》は、舞台に上がると、最初に自分たちの仲がいいということを観客に示すそうです。実際に彼らの漫才の舞台を観た観客は「非常に雰囲気がよかった」という感想を持つ人が多いのです。

仲のいいコンビの舞台には、アットホームな雰囲気が流れます。漫才を見ながら観客は２人の間に流れる空気を感じます。よい雰囲気は観客にも伝播《でんぱ》するのです。

⑤緊張感・新鮮味を保つ

舞台に立つ際は、適度な緊張感が必要です。また、たとえこれまでに何度も披露してきたネタであっても、常に新鮮味を保つことが重要です。

パフォーマンスをする側の緊張感が失われると、舞台の持つ一回限りの新鮮味（ライブ感）が失われてしまいます。それがすぐに観客へと伝わってしまうのです。そのため、予定調和とならないように配慮することが大切です。

学校で発表をする際や、会社でプレゼンテーションをする際も同じです。過度に緊張してしまうと、物事はうまく伝わりません。ですが、**適度な緊張感を持ち、ライブ感を意識しながら発表・プレゼンをすることで、聴く側の興味を引くことができる**でしょう。

1-2 自己分析

①自分を知る（自らの立ち位置の把握）

例えば「プレゼンテーション力」というと、社交性や表現力を身につけなくてはならないと思われがちです。

しかし、それ以前に、まずは**自らと向き合い、自分を知ることが、いいプレゼンテーションの第一歩**なのです。

第一線で活躍している芸人は、とても的確に「自己分析」ができています。自己理解と他者へのアプローチは表裏一体です。どちらが欠けても成り立ちません。

売れている芸人は、その2つがうまく共存し、「何が自分の武器になるのか」「どうやって自分たちにしかできないネタを作りだすか」ということを徹底的に考え抜いています。

また、「役割分担」を考えることも重要です。

複数の人が集まる場面では、どんな役割が自分に求められているかを判断し、その役割をまっとうすることが求められます。

シチュエーションが変わり、メンバーが替わればそれぞれの役割も変化します。しかし、個々の場面ごとでの立ち位置は一貫させる必要があります。

笑育では、自己分析を進めた後に、ツッコミという役割が向いているのか、ボケという役割が向いているのか、自分の資質を見極めます。

自らの個性を発揮するためには、あらかじめ自分の立ち位置（ポジション）を自覚しておくことが重要です。

その都度、自分に求められている役割を判断し、ポジションを見極めることが大切なのです。

自分に求められているのは、ボケ役なのかツッコミ役なのか。笑育では、**ボケとツッコミというわかりやすいポジションを意識することで、社会に出た時により複雑になった役割分担をスムーズに把握することができる**と考えています。

ツッコミがうまい人は、概して聞き上手です。

相づちのタイミングとツッコミのタイミングは、ほぼ同じだと言われます。

これはツッコミという役割が「聴き手」であることを意味しています。

芸人は、漫才において、ツッコミによってボケの話を膨らませたり、会話のテンポを加速させたりしています。ですから、人の話が聴けない人にツッコミは不向きだと言われています。

多くの芸人が「ツッコミには技術が必要だ」と言っています。

ボケは笑いの「センス」が問われますが、ツッコミは笑いの「技術」が問われます。


発想力という面ではボケの思考方法は役立ちますが、日常のコミュニケーションにおいては、漫才のツッコミに学ぶところは大きいのです。

日常生活においても、ボケはボケとしての役割をまっとうし、ツッコミはツッコミとしての役目をまっとうすることで、役割分担が明確になり、コミュニケーションが円滑になります。

②長所を伸ばす

舞台に上がる際には、自分の立ち位置だけではなく、長所（武器）を自覚しておくことが不可欠です。

自分の長所を捉え、ネタづくりやパフォーマンスの際に活かすことで、キャラづくりができます。

しかし、自分で自分の長所を的確に知るのは難しいものです。他人から教えられることのほうが多いかもしれません。

漫才の途中で突然繰り出す奇抜なギャグが魅力の篠宮暁《しのみやあきら》と、テンポよく冷静なツッコミを入れる高松新一《たかまつしんいち》のバランスがいい、オジンオズボーンというコンビがいます。

結成間もない頃、彼らは現在のようなスタイルではなく、設定を作り込んだ漫才をしていました。また、20代の頃は2人とも「とりあえず若い子にキャーキャー言ってもらえたらいい」と思っていたそうです。

篠宮はルックスがよく、若い女の子にとても人気がありました。しかし30代になると強みが「イケメン」では成り立たなくなってきたそうです。

そして芸歴を重ねていったある時期、彼らはどうやっても売れなくなってしまったと言います。自分たちの強みがわからなくなり、他者にどうアプローチしていったらいいのかわからなくなってしまったのです。

篠宮は、仕事が減っていったことで先輩と飲む機会が増えました。特に、上下関係がはっきりしている同じ事務所の先輩ではなく、他事務所の先輩と飲みに行った時に、普段は言わないようなダジャレを言い、それが大ウケしました。

当時は仕事がなかったため、飲み会でウケることがいつの間にか生きがいになり、篠宮は飲み会で先輩にウケるためだけにダジャレの腕を磨いていたそうです。

「飲み会の篠宮が面白い」という噂を聞きつけた高松は、ネタにダジャレを取り入れることを提案します（しかし篠宮は当初、飲み会でウケなくなるから、という理由でそれを拒否。高松の粘り強い説得ののち承諾しました）。

これが、オジンオズボーンを飛躍させるきっかけになりました。ギャグを生み出したのは篠宮、取り入れることを判断し推し進めたのは高松ですが、それは2人だけで悶々と考えていただけでは行き着かなかった境地でした。

客観的に自分を見てくれる他者の存在はとても重要です。また、**自分の長所を自覚することは、自信にもつながっていく**のです。

③短所を活かす

「長所は短所であり、短所は長所である」とよく言われます。

長所と短所が、その人の「突出した面」をプラスに捉えるか、マイナスに捉えるかの違いだと考えると、確かに同じことを指しているとも言えます。

笑育では、自分の長所や短所といった突出した面を的確に理解し、漫才のネタに盛り込んだり、漫才のスタイルに活かしたりしていきます。

その際には、観客に**自分の長所・短所がいかに受け止められるのかということまでを考えます。**

笑育では、通常の「自己分析」からさらに一歩踏み込み、「自己分析をしてわかった自分を表現する時に、それを見た他者がどう思うのか」を意識することまでが求められるのです。


例えば、ぽっちゃり体型をネタに取り込む女性コンビ、チキチキジョニーは、自分をネタにしながらも、「太っている女性を笑う」という行為自体が観客に不快感を与えないようにすることを常に配慮しているそうです。

ぽっちゃり体型の石原祐美子《いしはらゆみこ》は、「私は脚が太い。私がそれをそのまま言うだけではただの自虐になってしまいます。なので、あえて派手なタイツをはいて脚を強調させて、相方に他のものにたとえてツッコミをいれてもらってネタにしています。そうすることで、自分にとって『太い脚』＝『短所』ではなく、『チャームポイント』になるのです」と言っています。

芸人は舞台で漫才を披露する時、「その日のお客さんを見てネタのチョイスを考える」ということをよく言います。

男女比、年齢層、お笑いマニアか一般の観客か……など、相手を見てその日のネタを選ぶのです。

ベテラン漫才師の酒井《さかい》くにお・とおるは、地方営業で火事についてのネタをやる時は「最近この近くで火事はありましたか?」と事前に確かめるそうです。些細《ささい》なことですが、笑いを生み出す現場ではこうした配慮が大切なのです。

それこそが、笑育の基本姿勢である「他者への配慮」に他なりません。

他者(観客)が「どのような人たちか」「どのような心情か」を配慮できなければ、他者を批判してしまったり、傷つけてしまったりして、笑いをとることはできません。

こうした配慮は、学校生活や社会人になった時にも必要です。それは、会社内外の人間関係においてだけではありません。

例えば「ある不便を解消する商品」を売り出す場合、その不便についてどんな言葉を用いてどのように伝えるかがとても重要なのです。消費者の心に響かせようとして言った言葉が、場合によっては人を傷つけてしまう可能性もあるため、十分な配慮が必要になります。

●1-3 モデル（模倣対象）から学ぶ

「他人の真似をする」というと悪いイメージを持つ人もいるかもしれませんが、新しいことにチャレンジする際に、初歩段階で行う「真似」には大きな意味があります。

芸人が見習いの段階で通う「養成所」や「タレントスクール」も、授業で手取り足取りネタづくりを教えてくれるわけではありません。

突然「来週までにネタを作ってきて」と、具体的なことは教えてもらっていない状態で課題を出されるケースがほとんどです。

そして芸人を目指す生徒たちは、好きな芸人のネタを繰り返し観て、台本の構成や間合いの取り方などを真似ることからスタートしているのです。

笑育の受講者の大半は、「自分たちで漫才を作りましょう」と言われても何をどのようにしたらいいのか、まったくイメージが沸かないのではないかと思います。

そうした場合は、**自己分析で自分の長所・短所などを把握し、自分の好みやパーソナリティに合ったモデルを探して、その芸人を真似る**のがいちばんの近道です。

①モデルを探す

モデルを探す際に肝心なのは、闇雲に憧れの芸人を真似たらいいというわけではないということです。
自分のタイプを把握し、自分のタイプに近い芸人を模倣することに意味があります。

この場合の「自分のタイプ」とは、たたずまいや姿勢が似ていることを指します。そのため、タイプを見極める前段階には、自己理解ができていることが大前提です。

②モデルに触れる（**話し方、考え方、感じ方、ものの見方に触れる**）

自分に合ったタイプのモデルを見つけ、模倣するためには、いわゆる「オーラ」を実際に感じることが重要です。

そのためにも、笑育では芸人による実演の時間をとても大切にしています。

ＤＶＤやＹｏｕＴｕｂｅなどでプロの芸人の漫才を観ることもできますが、生で観ることでしか得られないさまざまな発見があります。

モデルとなる芸人の話し方、考え方、感じ方、ものの見方に触れるなかで、その人のスキルや価値観を肌で感じることは極めて重要です。

モデルが発する何気ない言葉のなかに、自身を飛躍させる大きなヒントが詰まっていることもあります。

直接的には無関係に思われる立ちふるまいのなかにも、「笑い」につながるものが示唆されているのです。

③モデルを真似る

モデルに触れる段階を経たうえで、モデルの話し方や考え方などを実際に真似ることで、より成長していくことができます。モデルのスキルを盗み、自分のものにするというステージです。

単に「真似る」だけで終わってしまっては意味がありません。

いくら自分と近いものを感じる人でも、完全なコピーは不可能です。そのため、似せるということに、執着しすぎないことも大切です。

受講者がはじめて漫才に取り組む場合、ある芸人の芸を単純に「コピーする」という意味では、それなりにうまくできる人もいるでしょう。しかし、そこからどれだけ自分たちのものとして発展させていけるかが重要なのです。

モデルの持つスキルのうち、取り入れられる要素と取り入れられない要素を取捨選択し、取り入れられる要素を積極的に模倣していきます。ここで生じるズレが、最終的に手に入れたい「オリジナリティ」を生み出すのです。

完璧なコピーは誰にもできません。だからこそ、その**ズレのなかから個性を見出していくことではじめてオリジナリティが生まれます。**

受講者のなかには、「最初からオリジナリティを求めるほうが早いし、格好いい」と思う人もいるかもしれません。しかし、いくつかの段階を経て、オリジナルへたどり着くことが必要なのです。

オリジナリティは「型」を身につけ、それをやぶる時にはじめて生まれます。そのため、まずはモデルのスキルを十全に模倣するところからスタートすることが大切なのです。その先に、「型をやぶる段階」が訪れます。

これらのことは、学校生活においても応用できます。自分のクラスメイトや先輩、教師の見習いたいところを真似してみる。さらに、社会に出てから「こんなふうに仕事がしたい」と思う上司の仕事への姿勢、情報収集の仕方や、ちょっとしたメールでの気配りなどを見て真似ることは、さまざまな意味で勉強になります。

■芸人の「ネタづくり」から学ぶ

「ネタづくり」は、「ネタ探し」「ネタの作成」「ネタの練習」の3つの要素から構成されています。

これら3つのどれをおろそかにしても、ネタは完成しません。

なすなかにしの那須は、ネタづくりについて「反常識人になることが大切だ」と言っています。

この聞きなれない「反常識」とは、「非常識」とは違います。非常識とは常識がわかっていないことを指しますが、「反常識」とは、常識を踏まえたうえでの少しのズレを指します。

芸人のネタを分析していくと、すべてに反常識的要素があります。

ボケの人も、その「おかしさ」を自己認識したうえでボケています。つまり、ネタを作る際には「常識を打ち破る視点」が必要なのです。

常識をどのように、どのくらいズラしていくか考えることが求められます。

ネタを作る際には、発想力が大事ですが、発想力があるだけでは不充分です。

いい発想が浮かんだとしても、その発想をどういう文脈に位置付けたら観客がいちばん面白く感じるかを見つけ出すことが重要です。そのためには論理的思考も必要です。

ネタづくりとは、発想力と論理的思考の両輪で成立しているのです。

●2－1　ネタ探し

①日常会話、面白いシチュエーションを書き留める

アイデアとは、何もせず、受け身の姿勢でいても生まれません。どんな発想もその源泉は日常のなかにあるのです。だからこそ情報収集が欠かせないのです。

なすなかにしの那須は、自分と年代の異なる人との会話から発見することが多いそうです。また、うしろシティの2人は、電車のなかはネタの宝庫だと言

います。

ひとつひとつは些細な情報かもしれませんが、**普段からネタ探しに気を配ることが習慣として根付いていないと、ネタを量産することはできません。**

日常をボンヤリと見ているだけでは、あるいは目先のことにとらわれて過ごしているだけでは、ネタは生まれないのです。自ら日常を意識的に過ごすことが肝心です。

②情報収集（時事問題への関心）

オジンオズボーンの篠宮は、なるべく新聞を読むようにしているそうです。日常のできごとのみならず、新聞、テレビ、インターネットなどを通じて、流行や時事問題に目を向けることがネタづくりに生かされるのです。

ボケ役であれ、ツッコミ役であれ、話題に上っている情報自体を知らなければ、ボケることもツッコむこともできません。

知見を広げることで、さまざまな状況に対応できるようになっていきます。

時事的なことをネタに入れればいいということではありませんが、その時タイムリーなことがらを入れることが新しい息吹になり、ネタが活性化することがあります。

そのためネタづくりでは、**常に「今」に目を向け、世のなかの動きに敏感でいること**が大切なのです。

③自分が面白いと思える言葉、表現を書き留める（ボキャブラリーを増やす）

安田大《やすだだい》サーカスの団長安田《だんちょうやすだ》は、かつて森脇健児《もりわきけんじ》のラジオに同行して細かくメモをとり、森脇がどういうタイミングでどんなことを言っているのかを分析していたそうです。

観察し、分析することで、笑いを生み出す構造を読み解いてロジックをつかんでいったのです。

自分にとって**面白いと思える言葉や表現、言い回しなどをストックしておく**

ことも重要です。それは、言葉に対する感性を磨く訓練にもなります。

一見すると何気ない言葉や表現のなかにも、面白みは隠れています。光の当て方、ものの見方次第では、なにげない事象のなかに笑いを見出すことも可能なのです。

●2-2 ネタの作成

①ネタの模倣（コピー）

ネタをはじめて作る場合は、モデルの模倣と同じようにネタの模倣をするという手段が有効です。

ネタづくりの経験がまったくない笑育の受講者たちに、はじめからオリジナリティあふれるネタを生み出すことは困難です。そのため、まずは良質なネタを模倣するところから出発するのです。

その際、模倣するだけではなく、その構成要素を理解し、ネタの組み立て方を学んでいくことを意識します。**ネタをコピーしながら、そのネタがどのように作られているのかを分析する作業を同時並行で行う**必要があるのです。

②パターンを元にネタを作る

ネタづくりは、一定のフォーマットにのっとって作成する方法もあります。**ネタを構成するパターンを知る**ことで、コンスタントにネタを生み出すことも可能になります。

パターンについては、第2章で解説します（80〜83ページ）。

③演じようとする役柄・状況について十全にイメージする

コントの場合、パフォーマーが何らかの役柄を演じる場面があります。その場合、**演じようとする役柄の特徴をつかんでおく**ことが必要です。

例えば、自分が知らない職種の人間を演じる時には、十分に情報収集をしたうえで、その特徴をいくつか挙げるなどの準備をしてイメージを膨らませていきます。
また、さまざまなシチュエーションに関して、その細部までイメージしておくことも必要でしょう。

④他者に配慮したネタとなっているかの確認

「③短所を活かす」(41ページ～)で解説しましたが、あるネタを行うことによって、観客に否定的な感情を抱かせることがないか十分に配慮する必要があります。

他者を傷つける可能性のある舞台設定や言い回しは避け、変更します。

⑤スベった時の保険・ネタがとんだ時の保険

ネタづくりの際は、そのネタを披露した時にウケなかった(スベった)場合の対処も考える必要があります。

つまり、舞台上で仮にネタが**スベったとしても、スベっていないかのように見せる工夫**が必須なのです。

そうした場合の「保険のかけ方」にはさまざまな方法があります。

例えば、ボケの数を増やしておくことで、ひとつのボケがスベった場合のリスクを軽減させることができるでしょう。

ネタを忘れてしまった（とんでしまった）時の保険としては、カンニングペーパーをあらかじめ仕込んでおくことも有効です。

漫才を披露する際は、ネタを暗記しておくことよりも、リラックスして舞台に臨むことが重要なのです。

また、ネタがとんでしまった場合を想定して、あらかじめ対処方法を考えておくことも必要です。

台詞が出てこなかったらどうするか。相方がどのようにフォローをするか、そのルールを決めておくことが対処のひとつになります。

そして何よりも保険をかけることで「最悪の場合、忘れても大丈夫」という心理的余裕を生み、それが舞台に立つ際の自信にもつながるのです。

●2―3　ネタの練習

①本番前に何度も練習（知人の前で話す）

ネタの完成度を高めるためには、**繰り返し練習を重ねる**ことが必要です。舞台に立つ前に何度も練習しながら台詞の強調するところを変えたり、構成を入れ替えたりなどの試行錯誤を重ねます。

ただ、練習をしすぎると自分のなかでネタの新鮮味が失われてしまうこともあるので、注意が必要です。

②話の焦点化・スリム化

コメントやツッコミなどは、的確かつシンプルに洗練させていくといいでしょう。

コメントがスリムになれば、観客への伝わりやすさが増し、無駄をなくすことで話にリズムが生まれ、聞き心地もよくなります。

それらを意識することで、**文章を要約する力**をつけることができます。

③言い回しの工夫（言葉を簡素に。ネガティブな表現をポジティブに）
他者（相方）の容姿やふるまいに対してツッコミを入れる場合には、繊細な配慮が必要です。

他者を傷つけることなく活かすためには、言い回しの工夫がとても重要になります。

笑育で目指しているのは、他者を嘲笑する笑いではありません。他者の尊重を前提にして笑いを生み出すことが大切なのです。

例えば、滑舌のよくない人がいた場合、「滑舌が悪いですね」と指摘するのではなく、「話し方が独特ですね」と表現する。こうした配慮で、短所が個性に昇華するのです。

■芸人の「パフォーマンス」から学ぶ

ここでは、漫才を披露する際の「パフォーマンス」について解説します。

「プレゼンテーション力」は、どんな仕事においても必須です。

笑育の授業は、プレゼンテーション力を養うのに大いに力を発揮します。

自分たちが面白いと思うネタを作り、披露する漫才は、プレゼンテーションと似ている部分が大いにあります。

また、多くの場合、プレゼンは1人で行います。

笑育では2人で漫才というかたちのプレゼンをすることで、将来1人でプレゼンをするためのトレーニングになると考えています。

1人でプレゼンをする場合、たとえそれが笑いをとる目的ではなくとも、「ツッコミ」が入る前提で行わなくてはなりません。

この場合のツッコミとは、同意や相づち、異論などを先回りして考えることを指しています。

漫才を、1人で行うプレゼンの前段階だと位置付けると、**漫才体験は、プレゼンの心理的ハードルを下げる**という効果もあります。

コンビでお互いをフォローし合うことを考えると、少なくとも1人は味方がいます。また、自分で「俺はここが長所なんだ」と言わなくても、相手が引き出してくれます。そうした部分に、2人で漫才を行う意義があります。

ちなみに落語家は、ボケとツッコミがひとりのなかに内在しています。それが分離して舞台に立つのが漫才です。

オジンオズボーンの篠宮は独創的なボケが魅力なのですが、ひとりでボケているだけでは、どこで笑っていいかわからない人もいるでしょう。

相方の高松がタイミングよくツッコむことで、篠宮が安心してボケることができ、より面白い漫才になるわけです。

個性を引き出すツッコミがいないとボケは成立しません。**面白いことを考えたとしても、伝わらなければ意味がないのです。**その伝え方が非常に重要です。

「パフォーマンス」は、「声」「視線」「ツカミ」の3つの要素が基本的な事項となっています。

「ネタづくり」の成果を十分に発揮するためにも、この3つの要素はおさえておく必要があります。

●3－1　声

①滑舌

舞台上でパフォーマンスを行ううえで、滑舌を磨くことは極めて重要です。

パフォーマーの言葉が観客にちゃんと伝わらなければ、ネタづくりにおける努力は成果を上げることはできません。

滑舌を意識し、声の届け方に配慮することが重要です。

②腹式呼吸

特にマイクを使わない場合、客席後方まで響きわたるくらいの声の大きさが必要です。

声が届かなければ、いくらクオリティの高いネタを作っても観客にその面白さを伝えることはできません。

そのためには正しい腹式呼吸を身につけることが必要です。

③話のスピードを意識する

話すスピードは、観客の様子をうかがいながら調整します。

速すぎたり遅すぎたりすることがないよう、常に客席に目を向け、適切なテンポになるように心がけていきましょう。

④トーン

例えば、発表者が複数の場合、それぞれの話者の声のトーンにコントラストをつけることで、話にメリハリがつきます。

メリハリがつけば、単調さを排することができ、話にテンポも生まれます。

⑤声のボリュームの調整

もっとも盛り上がる場面で、いちばん大きな声が出せるよう、時にはネタの構成に応じて声量を調整することも大切です。

普段、会話をする時にも抑揚が重要なように、パフォーマンスの際にも、ただ大声を出すのではなく、ネタの流れと連動して声の強弱を工夫することが求められます。

●3－2 視線（アイコンタクト）

①人に焦点を合わせない

舞台上でひとりひとりに焦点を合わせると緊張してパフォーマンスに悪影響が出てしまいそうな場合は、客席と客席の中間、つまり「人と人の間を見る」という方法が有効です。

特定の人をあえて直視しないことで、緊張を軽減するテクニックです。

②一番笑ってくれる人（好意的な人）を見る

芸人によって舞台上でどこに視線を向けるか異なりますが、舞台から見える観客のうち、**もっとも自分たちのパフォーマンスに好意的な人に視線を送る**というテクニックがあります。

自らのパフォーマンスに対して好意的なリアクションをとってくれる人に向けて話をしたほうが、話す側のモチベーションは上がります。

そのため、自分のモチベーションを高めるためにも、ステージの最中に「開かれた態度」で舞台に臨んでいる観客を見つけ、そこに視線を送るというテクニックを身につけましょう。

③相方と観客、両者に意識を向ける

舞台に立つ際は、相方への意識と観客への意識を同時に維持する必要があります。

「開き」の姿勢というべき、観客を正面に半身（斜め）の姿勢を保ち、**自分・相方・観客の三者間で三角形を作るイメージを持つ**といいでしょう。

これは、自分が観客からどう見られているかを常に意識するということでもあります。

④焦点を合わせずぼんやりと客席を見る

特定の誰かに視線を送る②の方法以外には、焦点を合わせずぼんやりと客席を見るという方法もあります。

客席全体に、平等に注意をはらうように視線を漂わせるようなイメージです。客席をまるごと視界に入れることで、その空気を体全体で感じとることも可能になります。

⑤観客全体をまんべんなく見渡す

客席全体にくまなく視線を送るという方法もあります。

好意的な観客、敵対的な観客、そのどちらでもない観客、そのすべてに分けへだてなく視線を送るという難易度の高い方法です。

観客を「観客」というひとつのまとまりとして捉えるのではなく、「ひとりひとりの集合体」として捉える方法といえます。

●3-3　ツカミ

①登場時のインパクト（空気を変える）

舞台上では、登場時のインパクトが極めて重要です。

例えば、複数組が出場する漫才コンテストでは、直前のコンビの雰囲気が舞台上に余韻として残っています。

そうした余韻を払拭《ふっしょく》（リセット）し、観客を自らのペースに引き込むためにも登場時のふるまいについては、入念に戦略を練る必要があります。

「やや大きな声で登場する」「奇抜な服装で登場する」など、さまざまな方法がありますが、登場時のツカミが漫才全体の成否を左右するため、十分な準備が必要です。

②共感を求める

観客に共感を求めることも有効です。観客とのシンクロ率を高め、その後の展開にとってプラスに作用する雰囲気を作り上げます。

あえて観客が納得しやすい話題をふったり、客席と一体感を味わえる工夫をするなど、客席との共同作業を基点としてネタを進めるといいでしょう。

③ひとつ目の笑いを確実にとる、あるいは、あえてツカまない

ツカミの場面では、大きく分けると2種類の方法が考えられます。

ひとつは、最初に仕掛ける笑いを確実にとりにいく方法です。ひとつ目の笑いをとることができれば、その後の流れに乗りやすくなります。「確実に笑いをとる」のは非常に困難な課題ですが、鉄板ネタなどを用意することで、「笑い」を呼び込む筋道を作り出す努力が必要です。

あるいは、登場時にはあえて観客にインパクトを与えず、徐々に観客を引き込んでいくという方法もあります。しかし、ツカミという作業を行わないということはその分、よりいっそうネタの内容や構成を精緻《せいち》にすることが求められるでしょう。

第2章

笑育授業の進め方

1

笑育授業の基本

笑育の授業は、小学生か中学生か高校生か大学生か、または単発（1回）か、複数回かによって、さまざまなプログラムを組み立てられます。

本章では、多くの学校で行っている「漫才づくり」から「パフォーマンス（発表）」までを主軸とした全5回のプログラムを紹介します。

ベースとなる授業プログラム

第1回 笑育オリエンテーション

- 笑育の説明
- 漫才鑑賞
- 笑いの仕組みと漫才のパターンを知る
- 「あいうえお作文」に挑戦
- 「ランキング漫才」を作って発表する

第2回 漫才台本の穴埋めに挑戦

- 漫才台本の空欄に当てはまる適当な語句を考える
- 子どもたちが考えたボケを発表する

【シチュエーションから漫才づくり】(時間が無ければ割愛)

- 子どもたちにシチュエーションを考えさせて、ドリルに沿ってボケとツッコミのセリフを考える
- 考えたやりとりを発表する

第3回 漫才づくり

- 好きなものツリーを作って相方と共有する
- 好きなものツリーを参考に、コンビ名を決定する
- 「好きなもの漫才」を参考にして、漫才台本を作る

第4回 漫才づくりと発表の練習

- 滑舌の練習(母音のみで発声することで滑舌が改善される)
- 漫才づくりと練習

第5回 漫才の発表

- すべてのコンビが漫才を発表する

Waraiku Challenge

■コンビの組み方

高校生以上を対象にした授業の場合は、普段あまりコミュニケーションをとっていない人同士でコンビを組むことを勧めています。

小学生、中学生の場合は、出席名簿順、背の順などでランダムに決めたり、仲がいい生徒同士で組んだりする場合もあります。

笑育の受講者である生徒たちが楽しんで授業に参加できるよう、クラスの雰囲気、状況に合わせてコンビの組み方を工夫していきます。

コンビを組んだら、ボケとツッコミのどちらを担当するかを受講者に決めてもらいます。

受講者は、各自自分がどちらに向いているのかを考え、相方と相談して決定していきます。

はじめは自分がボケに向いていると思っても、漫才台本を作ったり、練習したりしていくうちに変わっていくことも十分にありえます。

笑育では、最初に決めた担当を変えてはいけないというルールはありません。授業の途中で「ツッコミが向いているかもしれない」と思ったら、**コンビで話し合ったり、試したりしながら、よりよい漫才ができるようにアレンジ、修正していくことも必要です。**

受講者の人数が多い場合は5〜6人でグループを作り、メンバー全員で漫才づくりを行うこともあります。その場合、最後の発表では、グループの代表者2名が舞台に立ちます。

発表に出ない受講者も一緒に、漫才のネタを考えたり、台本をブラッシュアップしたり、意見を出し合い台本を完成させていきます。

グループで漫才づくりを行う場合は、発表者以外のメンバーに客観的な意見を取り入れながら漫才を完成させることができるというメリットがあります。

■プロの芸に触れる

初回（1回目）は90分、プロの芸人の司会進行による出前授業を講義スタイルで行います。

現在、セバスチャン、じなんぼ～いず、やのぱん、チキチキジョニー、アゲイン、たぬきごはん、なにわプラッチック、落語家の笑福亭鉄瓶らが笑育の授業を担当しています。

この授業では笑育の目的や内容を伝えるとともに、受講者に楽しんでもらい、意欲・関心を高めることをねらいとしています。

小学校、中学校、高校の1学年全員で笑育を行う際、この1回目と5回目（漫才の発表）の授業は、視聴覚室など大勢が集まれる場所を使用します（体育館で授業を行う場合もありますが、狭いスペースのほうが一体感が生まれるため、なるべく広すぎない場所で行うことを勧めています）。

福島県飯舘村立草野・飯樋・臼井小学校５年生に向けた１回目の授業にて。
間近で芸人の漫才に観入る児童たち

1クラス程度の人数（20人〜40人）の場合は、教室で行います。

●オリエンテーション

まずは芸人が笑育の目的を説明します。

笑育では、どんな能力をつけることを目的としているのかなど、「何のために笑育を行うのか」を理解したうえで受講者に授業を受けてもらうことが重要だと考えるからです。

また、テレビで皆が観ている「笑い」と、笑育における「笑い」の違いについて解説します。

テレビでの「笑い」は演出が多分に入ります。例えば、テレビで芸人が他の芸人やタレントを「イジる」という場面を多くの人が見たことがあるでしょう。

これはバラエティ番組の企画として、ある種の「わかりやすさ」や「過剰さ」を演出してやっていることなので、現実社会で友人に同じことをしてしまうと嫌な思いをさせてしまう可能性があります。それがいじめにつながってしまうこともありえます。

本当の笑いとは、人を嫌な気持ちにさせるものではありません。お互いが楽しくないと笑いではないということをしっかりと理解して授業に臨んでもらうために、心構えを伝えます。

●漫才鑑賞

プロの芸人が漫才を実演します。

芸人の発声法、テンポや間なども含めた表現力など、彼らの持つスキルを実際に目の前で体感してもらうことが目的です。

漫才を行う際の空気づくりや観客との距離感なども含め、テレビなどでは伝わらないプロのテクニックに触れてもらいます。

●笑いの仕組みと漫才のパターンを知る

芸人たちの漫才台本には、いくつかの定型があります。

「ズレ漫才」「視点を変える」「かぶせ」「勘違い」など、漫才台本を例にしながら、芸人が漫才の代表的なパターンを解説しながら実演します。

漫才をゼロからいきなり生み出そうとすると難しいように思いますが、**パターンに当てはめることで笑いを作っていける**ということを論理的に説明していきます。

漫才のパターン
〈ズレ漫才〉

ツッコミ　「食べ物で何が好き？」
ボケ　「野菜が好きやな」
ツッコミ　「野菜のなかで何が好き？」
ボケ　「『僕が好きな野菜ランキング〜』、第100位は〜」
ツッコミ　「時間足らんわ。そんなに野菜ばっかり聞いてられへんわ。せめて3位からにして」
ボケ　「第3位、うまい棒野菜サラダ味」
ツッコミ　「野菜ちゃうやん。あれ野菜入ってへんからな」
ボケ　「第2位、キャベツ太郎」
ツッコミ　「また野菜ちゃうやん。あれキャベツ入ってへんからな。てか駄菓子好きやねんな」
ボケ　「第1位」
ツッコミ　「1位は頼むで。野菜言うてや」
ボケ　「ブロッコリー」
ツッコミ　「野菜来たぁー！」
ボケ　「みたいな髪型してる人」
ツッコミ　「野菜ちゃうやん！　もうええわ」

waraiku challenge

ポイント　共通の条件のもとに2つのワードが対比されている構造。ここでは、野菜がテーマ（共通の条件）であるにもかかわらず、ボケは野菜に分類できないものについて語っている。

〈視点を変える〉

ボケ　「成人式は40歳でいいと思うんだよね」

ツッコミ　「なんで？　普通は20歳だろ？」

ボケ　「だって学生時代が長いほうが楽しいじゃん」

ツッコミ　「確かにそうなんだけどさぁ」

ボケ　「小学校６年、中学校３年、高校が25年！」

ツッコミ　「バランス悪っ！　制服が似合わなくなるわ！
もうええわ」

ポイント　誰もが当たり前だと思っていることについて、
自分なりの考えや意見を言う。

〈かぶせ〉

ツッコミ　「嫌いな食べ物ある？」

ボケ　「３つあんねん」

ツッコミ　「何なん？」

ボケ　「１個目は、高野豆腐」

ツッコミ　「なんで？」

ボケ　「食感がスポンジみたいやから、苦手やねん」

ツッコミ　「たまにそういう人おるな。僕は美味しいと思うけど。２個目は？」

ボケ　「にんじん」

ツッコミ　「なんで？」

ボケ　「食感がスポンジみたいやから」

ツッコミ　「なんでやねん！　あんた舌おかしいな！」

ボケ　「３個目はスポンジ」

ツッコミ　「食べたらあかん！　もうええわ！」

ポイント　誰もが認識している事柄に対して、一般的なイメージとは異なるものを重ねるとボケになる。ここでは、高野豆腐の食感が「スポンジのようだ」と主張し、その後も「スポンジのような食感」をかぶせることで笑いになる。

〈勘違い〉

ツッコミ　「お互いに好きな所を3つあげて、ほめ合いましょうよ！」
ボケ　「テンションも上がるし良いですね！」
ツッコミ　「じゃあちょっと、お互いシンキングタイム取りますね！　よーい、スタート！」
ボケ　「はい！　浮かびました！」
ツッコミ　「早い！　凄い！　そんなにすぐ好きなところ、思い浮かびます？」
ボケ　「あなたの良いところなんてすぐ思い浮かびますよ！」
ツッコミ　「えー！　嬉しい！」
ボケ　「じゃあ僕からあなたの良いところを言っていきますね！　まず1つ目は見た目がいい！」
ツッコミ　「え？　そんなこと思っててくれたんですか？　嬉しいです！」
ボケ　「2つ目はいい匂いがする！」
ツッコミ　「えー！　ちょっと恥ずかしいけど、嬉しいです！」
ボケ　「3つ目は、僕を幸せにしてくれる！」
ツッコミ　「ちょっと！　それは褒めすぎじゃないですか？　うひょー！　じゃあ確認すると、僕って見た目が良くて、いい匂いがして、あなたを幸せにするんですね！」
ボケ　「あ！　間違えた！　これはあなたの好きなところじゃなくて、僕が大好きなカレーの好きなところだった！」
ツッコミ　「えー！　じゃあ僕の好きなところは？」
ボケ　「それは、もうちょっと検討します！」
ツッコミ　「辛ロー！」

ポイント　共通の条件のもと、一方が勘違いしている構造。ここでは「お互いをほめ合う」という条件だったにもかかわらず、ボケは自分の好きなものについて語っている。

●あいうえお作文

「あいうえお作文」とは、大喜利の演目でも使われている言葉遊びです。

お題の言葉（例えば小学校の笑育の授業で行う場合は、小学校名や教師の名前、保健室や理科室などみんながイメージできるもの）を頭文字に据えて、その対象をイメージする文章を何人かでつないでいきます。

まずは**受講者に人前で発表することに慣れ、みんなで参加してひとつのものを作り上げる意識を持ってもらう**という目的があります。

最初に、受講者たちの緊張をほぐすために、お手本として教師たちが作文を作ります。発表する教師は、受講者（生徒）に推薦してもらいます。

プロのお笑い芸人が進行を行うとともに、教師たちの言葉に対してツッコミを入れながら進行するため、大いに盛り上がります。その様子を見た生徒たちが参加しやすくなる空気を作っていく目的もあります。

次に、生徒たちから希望者を募り、4～5名の代表者で「あいうえお作文」を行います。

この時、「必ずボケる」「必ず笑いをとる」ということはあまり重視していません。

5文字なら5人が前に出てきて発表をするため、ひとりではない安心感と、芸人が合いの手を入れて必ず笑いが起きる状況にすることで、受講者が楽しんで主体的に参加できる雰囲気を作ることを重視して行っていきます。

あいうえお作文〈例〉

「理科室」

り……利口になるために

か……化学薬品をつかいながら

し……しっかりと学ぶためのその教室では

つ……常に人体模型が子どもたちを見ています。

●ズレ漫才に挑戦

前述した漫才の代表的なパターンをもとに、受講者が漫才を作り発表します。

ここでは、プリント（87ページ）を配り、漫才台本の穴埋めをしながら「ズレ漫才」を作ってもらいます。

例題のテーマは「好きなものランキング」です。

「好きな果物」「好きな文房具」「好きな乗り物」など、自分たちの好きなものをまず選び、そのランキングを作成。そこにボケを入れていきます。

受講者が台本を完成させたら前に出て発表してもらいます。

すべてのコンビの発表をする時間がない場合は、何組かを選抜します。

ズレ漫才に挑戦

①〜⑧に当てはまるボケやツッコミを考えてみよう。

ツッコミ　「❶（　　　　　）で何が好き？」
ボケ　「❷（　　　　　）が好きやな」
ツッコミ　「へーそうなんや。❷（　　　　　）の中で特に何が好き？」
ボケ　「僕（私）が好きな❷（　　　　　）ランキング〜！
第3位、❸（　　　　　）」
ツッコミ　「❹（　　　　　）」
ボケ　「第2位、❺（　　　　　）！」
ツッコミ　「❻（　　　　　）」
ボケ　「第1位！」
ツッコミ　「1位は頼むで。ちゃんと言うてや」
ボケ　「❼（　　　　　）」
ツッコミ　「まともな❷（　　　　　）来たぁー！」
ボケ　「みたいな❽（　　　　　）！」
ツッコミ　「❷（　　　　　）とちゃうやん！　もうええわ！」
2人　「ありがとうございました」

例えば、スポーツやアニメ、遊びの種類、スイーツなど、テーマは自由に考えよう。

❷で決めたテーマに、関連しているようで、関連していないものを考えよう。

「なんでやねん！」以外にどんなツッコミができるか考えてみよう。

❷で決めたテーマに合っている答えを考えよう。

❷で決めたテーマに合っていると見せかけて、実は違うものになるような答えを考えよう。

waraiku challenge

初回授業の最後は、この後の2、3、4回目の授業で漫才づくりを行い、最後5回目の授業で発表するという流れを説明して終わります。

1回限りの授業プログラムの場合は、芸人が漫才を実演しながら、漫才に向かう姿勢や、漫才師が日々どんなところに気をつけていて、それがどう受講者の日常生活に生かされるかについてレクチャーします。

■漫才づくりに挑戦

2、3、4回目の授業は、それぞれの学校の教師が進行します。

プロのお笑い芸人がいなくても、受講者が自主的に漫才づくりを進められるように作成したオリジナルワークブックを使って授業を行います。

ワークブックの内容は96ページから詳述していきますが、**プロの芸人が作った漫才台本の穴埋めや、さまざまな例題を解くことで台本の構成、ボケの作り方などを学び、実際に自分たちで漫才が作れるように誘導していく**構成になっています。

3回目の授業では、ワークブックに収録している、自分が好きなものを書き込んで完成させる「好きなものツリー」（108ページ）を使い、コンビ名を決めていきます。

コンビの2人がそれぞれに、自由に好きなものを書き込んだツリーを見せ合うことで、お互いの好きなものを知り、コンビ名の命名、漫才づくりに役立てていきます。

4回目は、最終回で漫才を発表するための準備です。漫才台本を完成させ、発表の練習を行います。

自信を持って発表するためには、繰り返し練習することがとても大切です。せっかく面白い台本を作り、どんなに完璧に覚えても、声が聞こえなかったり、滑舌が悪かったりすれば伝わりません。

91ページで紹介する発声練習の文章は、アナウンサーたちが実際に使っている練習法です。発表する直前に行うのもよいでしょう。

芸人が来ない2回目から4回目の授業での教師の最大の役割は、生徒の漫才づくりをサポートすることです。

それぞれのコンビの進行具合を気にかけながら、時に声をかけていきます。漫才づくりをしている最中に、コンビで言い争いをはじめてしまう場合があります。

これまでの授業でも、ネタについて話し合ううちに、ヒートアップして口論になるケースがありました。

姿勢と発声のポイント

- 頭から糸でつられているようにピンとする
- 肩幅に足を広げる
- 目線はまっすぐより少し上
- 肩、唇、舌をリラックス
- 腹式呼吸で（難しい人はみぞおちに手をあてて発声）
- のどを開く（大きなあくびをした時ののど）

発声の練習例

はっきりと母音を発音できなければ、滑舌は良くなりません。母音だけで言葉を発する練習をすることで、母音に意識が注力されて、正しく、はっきり発音できるようになります。

まずは、以下の文章を声に出して読んでください。

「お綾や親にお謝り　お綾や八百屋にお謝りとお言い」

「お あ や や お や に お あ や ま り
O A Ya Ya O Ya Ni O A Ya Ma Ri

お あ や や や お や に お あ や ま り と お い い」
O A Ya Ya Ya O Ya Ni O A Ya Ma Ri To O I I

うまく読むことができなかった場合は、この文章の母音部分だけを5回くりかえして唱えてみましょう。

「お あ あ あ お あ い お あ あ あ い
O A A A O A I O A A A I

お あ あ あ あ お あ い お あ あ あ い お お い い」
O A A A A O A I O A A A I O O I I

多くの場合、生徒同士で話し合いながら解決していきますが、教師は「この調子なら自分たちで解決できそうだな」「ここは一度声をかけたほうがいい」というふうに判断しながら、必要であれば声をかけ、生徒自身で前向きに解決できるよう手助けをしていきます。

■漫才を発表しよう

最終回は、初回と同じく90分間で漫才の発表をします。プロのお笑い芸人も参加し、受講者の発表を盛り上げます。

●発表の順番

ひとつのコンビの漫才は3分。基本的には全コンビが発表しますが、受講者の人数が多く、時間内に終わらない場合は選抜した何組かが発表を行います。

発表する順番もとても重要です。**トップバッター、中盤、ラストに出る3組は、絶対に場を盛り上げられるコンビ**を選びます。

1組目が勢いよく元気に発表できれば、その勢いは次に続いていきます。逆に、トップバッターがうまくできないと、次に出るコンビにもその影響が連鎖していくため、一番手が作る空気がその日のすべての漫才発表の出来を決めると言っていいほど大切です。

中盤は、中だるみを防ぐため、ラストは楽しく大笑いして終わるために、確実に面白い、元気のいいコンビに登場してもらいます。

この3組を選ぶ基準は、もちろん漫才のレベルが高いことが望ましいのですが、それだけではなく高い意欲で笑育の授業に参加している受講者や、コンビの性格（元気がある、クラスの盛り上げ役など）から総合的に判断して決めていきます。

●漫才の舞台

発表する舞台は、プロの芸人が漫才を行う時と同じく、スタンドマイクを置き、登場の際は実際に芸人が使っている出囃子《でばやし》をかけます。

そのセットに慣れるためにも、当日は登場の練習を行います。

出囃子が鳴ったら「どうもー」と言いながら手を叩いて舞台へ上がり、音が小さくなったらネタをはじめていく、という基本をレクチャーします。

●観る側の態度

発表時の「観る側の態度」もとても重要です。

生徒たちははじめて漫才づくりという体験をして、それを人前で発表するのです。自分の出番が終わったからといって、騒いだり、他のコンビの邪魔をしたりしないよう、**他の人たちの発表をしっかり観ること、「一緒に盛り上がろう」**

という気持ちで観ることも、他者を尊重するという意味でも、とても大切なポイントです。そうした注意点を受講者に解説して、発表を行っていきます。

●発表後

発表後は、学校によってはいちばん面白かったコンビを決めます。その後、「振り返り」として、成果を確認したり、目標を達成できたかを話し合ったりする場合もあります。

2

漫才づくりのレッスン

前述したように、ベースとなる全5回の授業では、芸人が来る回と来ない回で連携し合い、来ない回では教師がまとめ・進行役となり、笑育ワークブックを使用して授業を行います。

笑育を受講する人の多くは、はじめて漫才づくりを体験します。突然、「漫才を作りましょう」と言われても、当然すぐに作ることはできません。

そこで、笑育では受講者が自分たちで漫才づくりをしていくための基本を、ワークブックに掲載されている課題に取り組みながら学んでいきます。

ここからは、その具体的なレッスンを紹介していきます。

■漫才台本の穴埋め

芸人が作成し実際に舞台でも披露している漫才の台本を使った穴埋め問題を行います。

前後の文脈からボケを考えることで、想像力や発想力のトレーニングになり

ます。

次ページで紹介しているのは、女性コンビ、チキチキジョニーの「イワミンデレラ」という漫才台本の一部です。①〜③の部分に入るボケの台詞を考えてみましょう。

一見、難しく思うかもしれませんが各問いに対して「発想のヒント」を示すことで、小学生でも回答できるように誘導していくことができます。

漫才台本穴埋め問題〈例〉

「イワミンデレラ」　チキチキジョニー　※一部抜粋

ボケ　「あるところにイワミンデレラという、それはそれはかわいい女の子がいました」

ツッコミ　「かわいくないけど……」

ボケ　「イワミンデレラは、毎朝、家族の誰よりも早く起きます」

ツッコミ　「意地悪なお姉さんとかに、こき使われてるの？」

ボケ　「❶（　　　　　　　　）するためです」

ツッコミ　「女やもんね」

ボケ　「丁寧に眉毛を書き、口紅を塗ります。そしてうっとりと鏡を見た後、❷（　　　　　　　　）ます」

ツッコミ　「なんでやねん！　おかしいやろ！　自信持てよ」

ボケ　「そして鏡にこう尋ねます。
鏡よ、鏡よ、鏡さん、この世で一番美しいのは誰？　それは❸（　　　　　　　　）です」

ツッコミ　「ミスキャスト、ミスキャスト!!
これが一番きれいって言ったらブサイク王国やん」

……

waraiku challenge

発想のヒント

①女性が早起きする理由を考えてみましょう

②お化粧する行動ではないものを想像してみましょう。

③ミスキャストになる人物で、この漫才や台本にこれまで登場している人物を想像してみましょう。

解答　①おめかし　②顔を洗い　③チキチキジョニーの石原さん

■写真でひと言

お題となる1枚の写真を見て、その人物（動物、もの）が何と言ったら面白いか、台詞を考えるレッスンです。

写真や絵に対してボケるというネタは、テレビなどで芸人が行っているのを見たことがある人も多いでしょう。

ここでは、**1枚の写真からさまざまな情報を読みとり、それについて考えることで観察力、思考力、表現力を養います。**

この問題には、芸人による回答例はあっても正解はありません。

受講者には、発想のヒントをもとに、自由に台詞を考えてもらいます。

写真でひと言

©深尾竜騎／アフロ

問題例

写真でひと言！

（　　　　　　　　　　　　　　　　）

解答例

発想のヒント　見た通りのことを、似ている何かに置き換える

- 「最初はグー」
- 「家政婦はタマ」
- 「当旅館の女将です」
- 「扉、かたっ！」
- 「すみません。これのMサイズありますか？」

Waraiku Challenge

■漫才を分析する

この項では芸人が作った漫才台本を、「なぜここにこの台詞が必要なのか」「この台詞が次のボケとどうつながっているのか」などというふうに細かく分析し、解説したテキストから漫才の基本的な考え方や構成を学んでいきます。

具体的な例として、対比という手法が用いられた、じなんぼ〜いずの「さしすせそ」という台本の分析を紹介します。

81〜83ページで「ズレ漫才」「視点を変える」「かぶせ」「勘違い」という4つの漫才のパターンを解説しましたが、漫才は誰もが共通の認識を持つものをずらしたり、対比したりすることで笑いを作ります。

例えば、「病院」と聞くと、多くの人が病気やケガを治してくれる「医者」や

「薬」を想像します。そこで「必要以上に薬を出す医者」のように、病院の一般的なイメージと異なることを対比させるとボケになるのです。

これはシチュエーションに関する対比ですが、行動（会話ややりとり）も、対比したりずらしたりすることで笑いになります。

自分たちの漫才でどんなふうに取り入れられるか考えながら、漫才台本を分析していきましょう。

コーヒーがフリになって「さじ」を導いている。ツッコミがフリになっている。

ツッコミ　「そういう意味じゃないです！　沖縄から離れて九州に入れって意味じゃないです！　じゃあ凄いヒント出すわ！　お前、コーヒー飲むな？　コーヒーにミルク入れるな？　『さ』のつくやつ入れるな？　どうぞ！」

ボケ　「あー！　さじ！」

ツッコミ　「スプーンって言えよ！」

ボケ　「さじ入れるよね！　回すよね！　飲むよね！　熱いよね！　ヤケドするよね！」

ツッコミ　「なんでヤケドするんだよ！　それこそ、本当のさじ加減だろ！」

ボケ　「どうした？」

ツッコミ　「俺、どうした！　たいしてうまくない！　いいんだよ！　『さ』のつく白いもんだよ！」

ネタの本筋とは関係のない「あそび」。ツッコミが自分で自分にツッコむ。

ボケ　「サトウ！」

ツッコミ　「そうだよ！」

ボケ　「の切り餅！」

ツッコミ　「白さに引っ張られてるよ！　今言えてたぞ！　身近にある『さ』のつくものだよ」

ボケ　「サンクス！」

ツッコミ　「すぐそこサンクス！
コンビニじゃねーか！　砂糖だよ！」

フリ。「身近にある」が「サンクス」を導いている。

ボケ　「砂糖か！」

ツッコミ　「どんだけ時間かけてんだ！」

……

［漫才分析］
対比という手法が用いられた台本

「さしすせそ」　じなんぼ〜いず　※一部抜粋

ツッコミ　「こないだ家で料理しようとしたら調味料が全くなくて困っちゃったんですよね！　俗に言う『さしすせそ』が！　ところで『さしすせそ』全部言えます？」
ボケ　「知ってるも何も相当詳しい！　俺は女性を超魅了するからな！」
ツッコミ　「は？」
ボケ　「ハンサム！」
ツッコミ　「しりとりじゃないです！　じゃ言ってもらっていいですか？　甘みから！」
ボケ　「言えばいいんだな！　甘みから！」
ツッコミ　「そうだよ！」
ボケ　「サーターアンダギー！」
ツッコミ　「甘いな、確かに。沖縄のお菓子な。俺も好き。でも違うよな？」
ボケ　「おっと！　そうだった！　サーターアンダギー！（変なイントネーションで）」
ツッコミ　「発音の問題じゃないです！　あれ？　ひょっとして勘違いしているのかな？　沖縄のさしすせそと！　沖縄のさしすせそだったら『さ』はサーターアンダギーだよ！　ちなみに『し』は？」
ボケ　「シーサー！（※合わせ技）」
ツッコミ　「だよな！　でも調味料のだから！　ちょっと沖縄離れてもらっていいですか？」
ボケ　「あー、佐賀県？」

ツカミ。同音異義語を用いている。

最短の「フリオチ」。「は？」がしりとりを導いている。

「甘み」を強調。観客に「甘み」縛りであることを示す。

言葉の響きの面白さ、語感も大切に。

「佐賀県」という言葉を出すためのフリ。ツッコミはボケ役がボケやすくなるように導いている。

■シチュエーションを考える

これまでに学習した基本的な漫才の構成をふまえ、自分で漫才を作るためのレッスンを行います。

まずは、漫才のシチュエーション（設定）を決めていきます。

レストランでは、お店に入ると店員さんから「いらっしゃいませ。何名様ですか？」と聞かれて、席に案内されるという〝お決まり〟のやりとり（会話）があります。こうした**誰もが知っていて、当たり前だと考えているパターンを崩したり、順序を逆にしたりすることで「ボケ」は生まれます。**

もしも店員さんが、いつもの流れとまったく違う行動をとったら？　店員さんが絶対に言わないようなことを言ったとしたら？　こうした視点から漫才を組み立てていきます。

小学生・中学生・高校生にとっては、「授業開始の時の教師と生徒のやりとり」や「保健室での教師と生徒のやりとり」などが想像しやすいでしょう。

［シチュエーションを考える］

例　ファミリーレストランでの入店時のやりとり

店員(ボケ)　「いらっしゃいませ～。何名様ですか？」
客(ツッコミ)　「ひとりです」
店員(ボケ)　「え？　おひとり様ですか？」
客(ツッコミ)　「はい」
店員(ボケ)　「本当におひとり様？」
客(ツッコミ)　「はい」
店員(ボケ)　「本当におひとり様、入りま～～～す!!（大声）」
客(ツッコミ)　「うるさいな!!　なんなんだよ!!」

手順

①誰もが想像できるシチュエーション（設定）を決める。
②決めたシチュエーションのなかで、どの場面のやりとりなのかを決める。
③通常のやりとり（会話）をずらしたり、逆にしたりしてボケを考える。

挑戦

シチュエーション、何をしている時のやりとりか、登場人物、台詞を書き出してみましょう。

シチュエーション		いつのやりとり？
	→	の時

登場人物	セリフ

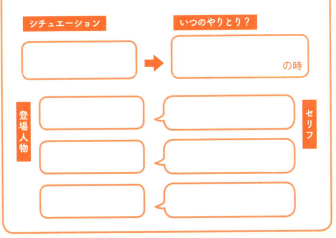

■漫才づくりに挑戦

●好きなもののツリーを作る

ここまでは受講者が個人で行うレッスンでしたが、ここからはコンビで行います。まずは、コンビの相方といい関係を築き、協力して漫才づくりをするための関係性を作ることからはじめます。

コンビでお互いに好きなものを伝え合う「好きなもののツリー」を作っていきます。

普段、一緒に過ごしているクラスメイトでも、意外と知らないことは多いものです。相手の好きなものを知ることで興味を持つことができたり、共通の好きなものを見つけたり、より理解を深めることができるでしょう。

ここで挙がったお互いの好きなものから、コンビ名や、漫才づくりのヒントも生まれます。

じなんぼ〜いず ウィーアー店崎の好きなものツリー例

①野球

小学校2年から始めた野球。現在も、先輩芸人さんのチームに所属し、月2、3回草野球を楽しんでいます。

②小説

月に10冊以上は読みます。ミステリー、恋愛小説が好きです。伊坂幸太郎、万城目学など。

③お笑い、バラエティー

テレビやDVDではほとんどお笑い、バラエティーを観ています。家にはお笑いDVD専用の棚があります。

④Mr.Children
（ミスチル）

全アルバムを持っています。カラオケでも必ずミスチル。なかでも『名もなき詩』と『終わりなき旅』が好き。

⑤カレーライス

料理はほとんどしないのですが、カレーライスは自分で作ります。こだわった材料や香辛料を使用したオリジナルカレーを考案中。

⑥香水

昔から香水が好きで、10個以上持っています。季節や気分によって使い分けています。ボトルのデザインがオシャレでインテリアとしても使用できるところも良いです。

●コンビ名を決める

好きなもののツリーをコンビでお互いに見せ合い、コンビ名を考えます。**2人の共通の好きなものや趣味だけでなく、見た目の印象などもコンビ名を決めるヒント**になります。

コンビ名のつけ方〈例〉
いちごと甘いものが好き→「いちご大福」
ゲーム好き→「ゲーマーズ」
ロングヘア→「ポニーテール」

●漫才台本を考えてみよう

コンビ共通の「好きなもの」「好きなこと」「好きな人」をヒントに、「好きなもの漫才」を作っていきます。

お互いの好きなものツリーを見ながら、共通点や相違点を考えてみましょう。その際、好きなものをその単体としてだけではなく、広く捉えて考えてみることで発想が広がります。例えば、「妖怪ウォッチ」が好きな人と「ポケモン」が好きな2人のコンビであれば、共通項は「アニメ好き」です。アニメを題材にした漫才を作ってみる、などです。

そうして題材を決めたら、以下をヒントに構成を考えていきます。

発想のヒント

①お互いに好きなものに対して、本当に好きなのかを確認し合う。
②同じものが好きだったら、どちらのほうが好きかを競い合う。
③好きなことを演じてみる(漫才コント)。
④好きなものが別だったら、お互いの好きなものを自慢し合う。

こうしたレッスンを行った後に漫才発表に進んでいきます。

キャッチャーに対するボケ。

全体のボケに対するフリ。

ボケ　「キャスター」

ツッコミ　「キャッチャーね！　キャスターって棚の下の車輪だから！　わかった！　お前、英語でポジションが言えないのか！」

ボケ　「言えるよ！」

ツッコミ　「じゃあじゃあ聞くけど、一塁手は英語で言うと？」

ボケ　「……バースト！」

ツッコミ　「爆発しちゃったよ！　ファーストね！　ほら、やっぱり言えないんだ！」

ボケ　「だから言えるって！」

フリに対するボケ。

ツッコミ　「じゃあ二塁手は？」

ボケ　「テナント！」

ツッコミ　「セカンドね！　テナントってお店のことね！　テナント募集とかよくあるけど！　じゃあ三塁手は？」

ボケ　「ラード！」

ツッコミ　「惜しい！　サード！　ラード置いてあったらグラウンドヌルヌルだよ!?　じゃあ遊撃手は？」

ボケ　「ミュート！」

ツッコミ　「音聞こえなくなっちゃった！　ショートね！」

……

waraIKU challenge

好きなもの漫才〈例〉

セバスチャン 原田公志（ツッコミ）　　※一部抜粋
じなんぼ〜いず ウィーアー店崎（ボケ）

ボケ　「一番好きなものってなに？」
ツッコミ　「俺はやっぱ野球かなー」
ボケ　「まじで！　俺も野球好きなのよ！」
ツッコミ　「本当に！　一緒なんだ！　奇遇だね！」
ボケ　「なかでも一番好きなポジションがさ、俺はあれなのよ……。えーと、ど忘れしちゃった……」
ツッコミ　「はい？　ど忘れするかね……」
ボケ　「あの一、いつも最初に球を投げる……」
ツッコミ　「球を投げるって……あー投手ね」
ボケ　「そう！　投手！……みっちゃん！」
（ピッチャーに対するボケ）
ツッコミ　「……いやピッチャーね！　みっちゃんって誰かのあだ名みたいになってるから！　え？　お前ピッチャー忘れるって本当に野球好きなの？」
ボケ　「なにを失礼な！　めちゃくちゃ好きだよ！」
ツッコミ　「じゃあピッチャー以外のポジションちゃんと言えるか？」
ボケ　「言えるよ！」
ツッコミ　「じゃあピッチャーの球を受けるのは？」
ボケ　「そんなん知ってるわ！　捕手だろ！」
ツッコミ　「わかるんだ。捕手ねぇ……。じゃあ捕手を英語で言うと？」

3

高校・大学生向けのキャリア教育

自分の適性を知る

笑育は、さまざまな年齢に向けて授業を行うことができます。

基本的には本章冒頭で紹介した漫才づくりを主軸とした全5回の授業をベー

スに行いますが、高校生、大学生に対しては、それに加えてキャリア教育の一環として行うプログラムがあります。

現在、ニートやフリーターの増加、また若者の離職率の高さは、日本の社会問題として常態化しています。

さまざまな要因が考えられますが、その背景には、「そもそもやりたいことが見つからない」ということが一因となっていることも多いと言われています。

高校や大学で行われるキャリア教育では、自分自身の適性や志向性をつかむことも大きな目的のひとつです。

自己認識と他者理解を促す笑育は、キャリア教育においても大きな成果を発揮します。

それでは、キャリア教育に役立つ具体的なプログラムを見ていきましょう。

●「人生ふりかえりシート」

元日本テレビのアナウンサーで、退社後は松竹芸能に所属し、タレントとして活躍する上田《うえだ》まりえは、倍率7000倍の難関をくぐり抜けて日本テレビ放送網のアナウンサーになりました。

特に就職試験用の対策はしていなかったそうですが、常に自分のことを把握しようと心がけていました。

その際に上田が作ったのが、「人生ふりかえりシート」です。

118～119ページにシートを掲載しています。

シートの縦軸は友達、恋愛、部活、性格、趣味や、将来の夢といった項目です。横軸は年齢で、0歳から現在まで続いています。

シートに自分の記録を書き込むことで、人生をふりかえっていきます。

例えば、「小学校低学年の時にまーくんと一緒に遊んでいた」と思い出したなら、その時代に該当する「友達」のマス目に「まーくん」と書きます。

自分の記憶がない幼少期は、親や兄弟などに聞いて埋めていきます。

物心ついた後でも、意外と思い出せないことは多いものです。その時代を知る人に聞きながらシートを完成させていきます。

この作業を進めていくと、**自分自身の変化や自分でも忘れていた本質が一目瞭然になります。**

例えば、ずっと部活で野球をやっていたなら「この特技は中学時代に出合ったんだな」「これだけ長くやっていたということは、自分は本当に野球が好きなんだな」といったことが見えてきます。

こうして自己理解を深めることができるのです。

名前 （ ）

	高校			大学			
3年	1年	2年	3年	1年	2年	3年	4年

waraiku challenge

上田まりえメソッド人生　ふりかえりシート

	0〜2歳	3〜5歳	小学校			中学校	
			低学年	中学年	高学年	1年	2年
友達							
成績							
恋愛							
部活							
性格							
趣味							
特技							
好きなもの							
嫌いなもの							
将来の夢							
思い出							

２０１８年度から小・中学校で「道徳」の科目が教科に格上げされますが、自分自身を理解するということは道徳教育のひとつの柱です。

このシートはぼんやりとしていた**自分の過去や特質といった無意識レベルのことを意識化する**ために大いに役立つでしょう。

また、このシートは上田のように、就職を控えた大学生にも役立ちます。面接で質問をされた時、自分自身のことがクリアになっていないと即答できません。

実際、上田に彼女自身のことを質問をすると、すべて即答します。常に自分のことが自分のなかで整理されているのです。

自己理解をしたうえで、さらにアナウンサーの人たちが行なっているのが、「見られたい自分を演じる」ことです。

これまで笑育の基本的な考え方として、「個性を大切にし、短所も見せ方によって長所に変えていける」「短所もうまく見せれば笑いになる」と伝えてきました。

「見られたい自分を演じる」というのは、そのコンセプトと矛盾しているように思われる人もいるかもしれません。

しかし、最大多数の人たちに受け入れられるように標準化された女性アナウンサーの方々の「見せ方」には「理想の自分を演じる姿勢」を学ぶことができます。

彼女たちも多くの人と同じく「素の状態」が完璧なわけではありません。「人に好印象を持たれる自分」を研究し、そう見てもらえるように自身を整える努力をしているのです。

ただ、アナウンサーを目指すのでなければ、そこまでの「完璧さ」を目指す必要はありません。自分の個性を理解したうえで、それが際立つように自分を見せることができればいいのです。

社会に出て仕事をする際には、「自分が見せたい自分」をうまく見せることが大切です。

「人生ふりかえりシート」は、自分を客観視する助けになるでしょう。

●「自分への一問一答ノート」

人生ふりかえりシートで自分自身を理解したうえで進む次のステップは、「自分への一問一答ノート」です。これも上田まりえが実際、就職活動の際に活用していたものです。

ある笑育の授業では、大学の学生に対して上田が即興でインタビューを行いました。

プロのアナウンサーは、初対面で情報が少ない相手でもうまく話をつないで、面白い話を聞き出します。その聞き上手さを生徒に体験してもらったのです。上田には基礎的な情報だけを伝え、その情報をもとに学生に質問を投げかけてもらいました。上田は問いのバリエーションを持っているので、会話がとにかく上手です。

上田は、インタビューで他者と対話をする前に、まず自分と対話していると言います。

他人を理解したり、他人と深くかかわったりするためには、自分自身を徹底的にわかっていることが必要です。これは、芸人も共通して考えていることです。

自分の売りや特徴、「この場で自分が生きる」「生きない」、はたまた「ここは前に出たほうがいい」「後ろに下がっていたほうがいい」などの判断は、徹底的に自分を知ったうえではじめて把握できるのです。

こういった対話の力、コミュニケーション力をつけるためにも、まず自分と対話する練習をすることが重要です。

そのために上田がつけていたのが、「自分への一問一答ノート」です。

まず、ノートの1ページ目に自分が向き合うべきテーマを書きます。

小学生の頃からアナウンサーになりたいと思っていた上田は、1ページ目に「アナウンサーになりたい」と書きました。

次の左ページに「なんでアナウンサーになりたいんですか?」と書く。それに対する答えを右ページに「子どもの頃からなりたかったからです」と書きます。

その後は、「子どもの頃っていつですか?」「小学校3年生の時です」というふうに問いと答えを繰り返し書きます。

こうして一問一答をしていくことで、アナウンサーになりたいと思った動機や曖昧だった部分が明確になっていきます。

「自分への一問一答ノート」

上田まりえの例

ノートの1ページ目に目標を書く

アナウンサーになりたい

ページをめくった左ページに問いを書き、右ページに答えを書く

なんでアナウンサーになりたいんですか？
→ 子どもの頃からなりたかったからです

問いとその答（一問一答）を繰り返し書いていく

子どもの頃からっていつですか？
→ 小学校3年生の時です

なんで小学校3年生の時にアナウンサーになりたいと思ったのですか？
→ はじめて買った漫画の主人公が最後にアナウンサーになったので、それに影響されたからです

waraiku challenge

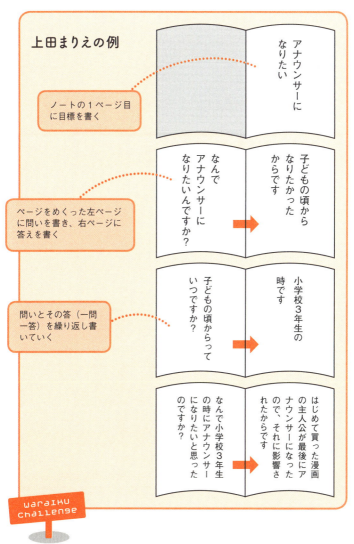

これは、**自分自身の内面を徹底的に掘り下げていく作業**です。

上田は「この問いが循環して『やっぱりアナウンサーになりたい』というところに戻っていく」と言っていました。とても内省的な営みです。

これも「人生ふりかえりシート」と同じく、**自分の奥底にある感情を引き出していく、無意識を意識化する作業**です。

日頃、日記をつけている人はこの作業をしているはずですが、インタビューという形で改めて自分と対話することで、多くの発見があります。

改めて自分の考えを掘り下げていくのです。

思春期の子は、わけもなくもやもやしたり、怒ったり、自分の感情を自分でコントロールできないことがあります。

「自分への一問一答ノート」で自分のもやもやとした思いを言語化していくことで、まず自己を知る。そこから自分の感情を制御する能力をつけていくこと

東京理科大学の授業で、「一問一答ノート」の解説をする上田まりえ

もできるのです。

また、この作業は就職の面接で試験官から問われることを先取りすることにもなるでしょう。

どの角度から質問がとんできても、その引き出しから自分の答えを出すことができるようになるからです。

■就職面接に使える自己紹介法

前述したように、笑育の授業は就職活動にも結びつけることができます。

人前で話すことが苦手な大学生向けに東京理科大学で行った笑育では、最初の授業で、学生に普段の自分は完全に捨ててほしい。「笑育」用の自分、漫才の舞台で演じる自分を作り上げてほしいということを伝えました。

これは、「自分の個性をおさえつけて一切出さないようにしよう」という意味ではありません。

人前で話すことへの苦手意識を一旦忘れて、「人前で話すことが苦手ではない自分」を演じながら笑育の授業に臨みましょうということです。

もちろん、どんなに演じようとしても別人格になることはできません。違う自分を演じようとしても、個性はこぼれでてきてしまうものです。

こうしたことは、就職の面接の時にも応用できます。**「面接で好感を持たれる自分」を作り上げる訓練**にも通じているのです。

設定を作り込んで演じるという意味では、「面接という設定のコントに臨む」とも言い換えられます。社長や人事課の人に好感を持たれる自分を役柄として演じるのです。

●「ギャップ」「偏愛」「誇張」の3要素を意識した自己紹介

アナウンサーの上田まりえが、松竹芸能に所属した理由は「出落ち感」だと言います。

松竹芸能といえば、お笑い芸人か落語家が頭に浮かぶ人が多いため、たしかに「アナウンサー」はギャップがあります。

「上田まりえ」という名前は忘れられても「松竹芸能のアナウンサー」という

ふうに覚えられたら、それだけでも自己アピールになる、というのが上田の考え方でした。

大学生にこうした自己アピール方法を体験してもらうために、東京理科大学で全9回の笑育の授業を行った際、初回にひとり30秒の持ち時間で自己紹介にトライしてもらいました。

学生は自己紹介のパターンである「**ギャップ**」「**偏愛**」「**誇張**」の3つのなかからどれかひとつを選び、自己紹介を行いました。

自己紹介のパターン例

ギャップ……普段のイメージは「真面目」→飲むと宴会部長

偏愛…………毎晩ビールを飲む→銘柄はアサヒスーパードライ限定

誇張…………美への強いこだわりがある→月4回美容院に行く

この時は、初対面の受講者20名に自己紹介をしてもらいました。このくらいの人数がいると、「私は○○県出身で……」というありきたりの紹介では、全員のことを覚えることはできません。

しかし例に挙げた「スーパードライ限定の人」や「月4回美容院に行く人」というふうに、**個性を際立たせた自己紹介なら印象に残ります。**

実際、ほとんどの人が30秒の自己紹介で他者にインパクトを与えることができました。

また、笑育では自己紹介のやり方、座り方から工夫をこらしています。

まず馬蹄型に椅子を配置し、学生たちに座ってもらいます。

ひとりずつ、空きスペースに出囃子と共に出て行き、自己紹介していきます。ひとり紹介が終わると、ゲスト講師の芸人が自己紹介についてコメントを述べます。

全員の自己紹介が終わった後には、学生たちがどのくらい他者に印象を残せているか、確認を行います。

今度は円になって座り、ボールやぬいぐるみなどを芸人がひとりに向かって投げ、受け取った人がどんな自己紹介をしていたのか（「スーパードライ限定の人」などのように）、思い出せるキーワードを皆に言ってもらいます。

自己紹介で自分が提示したキーワードが、ちゃんと受け止められているかを確認するために行うのです。

この方法で自己紹介を行うと、ほとんどの学生が内容を覚えているため、参加者は笑育自体を好意的に受け止め、授業の雰囲気づくりにも役立ちます。

この自己紹介方法は、大学にかぎらず、新入社員や小さなコミュニティなど、さまざまな場面でも活用することができるはずです。

●「自己紹介漫才」を作る

大学でも、学生たちが漫才を作り、発表することをゴールに据えて授業を行

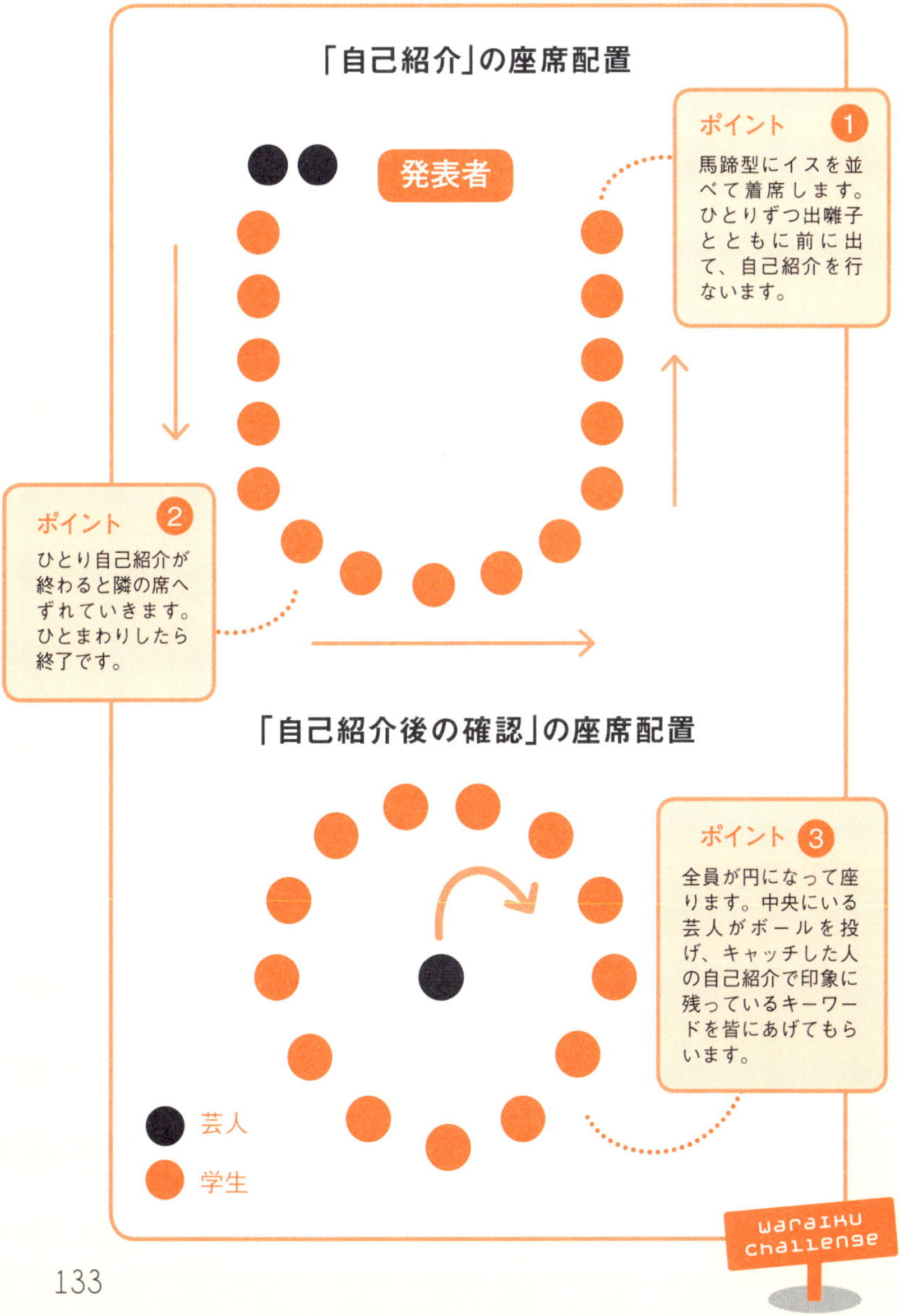
「自己紹介」の座席配置
発表者
ポイント 1
馬蹄型にイスを並べて着席します。ひとりずつ出囃子とともに前に出て、自己紹介を行ないます。
ポイント 2
ひとり自己紹介が終わると隣の席へずれていきます。ひとまわりしたら終了です。
「自己紹介後の確認」の座席配置
ポイント 3
全員が円になって座ります。中央にいる芸人がボールを投げ、キャッチした人の自己紹介で印象に残っているキーワードを皆にあげてもらいます。
芸人
学生
waraiku challenge

います。

上田まりえの自己認識方法で「自己」を理解した学生たちがコンビではどんな化学反応を起こすことができるのか、また、どういう自己紹介をしたら自分たちの面白さが際立つのかを考えてもらうために、自己紹介をテーマにした漫才に挑戦してもらいました。


コンビで漫才をする時のポイントは、2人のバランスです。

漫才では、舞台に2人で立つことで相乗効果が生まれ、「自分で自分のよさをアピールしなくても相方がしてくれる」という点がひとつの魅力です。

漫才発表では、どちらか片方が目立ち、もう一方の人があまり目立たないことがあります。この場合、片方の人がうまく相方のよさを引き立たせているなら、「コンビとしてうまく機能している」と言えます。

しかし、片方がただ目立たない、見せ場がない、印象に残らないというのは、漫才として成功しているとは言えません。

例えば「目立たない」というキャラクターが個性の学生がいたなら、その個性をうまく使った漫才を完成させることができればいいのです。また、「あえて目立たないことを芸にしているように見せる」ことも漫才では可能です。

発表は、総合評価なので2人の総合点で順位をつけます。ですから、1人が100点であっても、もう1人が0点だったら意味がないのです。お互いを熟知したうえで、コンビで個性を引き出しあうパフォーマンスが求められます。

次ページに掲載した自己紹介漫才は、授業で学生が作ったものです。

A（とB）は「態に見える自分」でネタを作っていきました。

最初の20秒～30秒で自分たちの個性を理解してもらえるように工夫を凝らし、うまく自己アピールをしていました。

学生が作った自己紹介漫才の例

A（体が大きい）「俺、熊に似てるって言われるんだよ。でも俺は自分が熊だとは思いたくない」

B「お前どう見たって熊だよ」

A「そんなことないよ」

B「じゃあ好きな食べ物なに？」

A「はちみつ」

B「熊じゃねーか！　で、どこに住んでんの？」

A「舞浜」

B「ディズニーランドって……やっぱり熊じゃねーか！」

第3章
広がる笑育

1

笑育の成り立ち

■コンセプトの原点

「笑い」と「教育」をかけあわせた、一見、突飛とも思える笑育が誕生したきっかけのひとつは、発案した当時の松竹芸能副社長の井上貴弘《いのうえたかひろ》（後に社長、現松竹取締役）の海外留学経験にあります。

井上は、アメリカのコーネル大学大学院に留学した時に、欧米人のディベート力、プレゼンテーション力の高さを体感し、子どもの頃からそうした能力を育成する必要性を痛感しました。

また、もうひとつのきっかけは実の兄弟による子ども漫才コンビ・まえだまえだの前田《まえだ》航基《こうき》の母親の話でした。

兄の航基は幼い頃から人前でまったく話せないほどの引っ込み思案で、それを克服するために母親が松竹芸能タレントスクールに通わせたそうです。

その後、航基は漫才を通じて引っ込み思案を克服し、年上のプロの芸人たちと並んでテレビに多数出演するまでに成長しました。

この話を母親から聞いた井上は、漫才づくりを通じてコミュニケーション力を向上させることができるという確信を持ったのです。

このふたつのきっかけがつながり、井上は2007年に「笑育」を発案、「『笑い』を使ったコミュニケーション力をはじめとする諸能力の育成」と「芸人たちからユーモアのセンスを学ぶ」というコンセプトが誕生しました。

そして同年、実験的に初の「授業」を行いました。

初の試みは、落語家が飲食店の店長向けに、コミュニケーション力やユーモアを教えるという社会人研修でした。

現在は、松竹の新入社員研修をはじめ、笑育を導入した社会人研修はさまざまな会社で効果をあげていますが、残念ながらこの1回目の授業では、ほとんど笑育の効果を実感してもらうことができませんでした。

この時に学んだ「コンセプトがあっても、しっかりしたプログラムを作らないとうまくいかない」という教訓が、次に実施した「キッザニア」での試みにつながっていきます。

■ワークショップから学校教育へ

初授業の失敗をふまえ、次に笑育が参入したのが2009年にオープンした「キッザニア甲子園」(3歳から15歳の子どもが職業体験できる施設)での試みです。

関西圏で初となる同施設の「劇場」パビリオンで、松竹芸能がオフィシャルサポーターを務め「お笑いライブ」を体験できるアクティビティを作りました。「お笑いライブ」は、プロが書いた漫才やコントのネタ（台本）を参加者が舞台上で発表する「お笑い芸人体験」ができるアクティビティです。

オープン当初、「お笑いライブ」に積極的に参加する子どもの数は多くはありませんでした。人前でネタを発表すること自体、子どもたちにとってハードルが高かったのです。

そうしたなかでも、自主的に参加したり、友達に誘われたりした子が「お笑いライブ」を体験すると、表情は一変しました。彼らは、はじめて**舞台で自分が言ったネタが「ウケる」という体験をしたことで大きな自信をつけることができた**のです。

その後、「キッザニアお笑い道場」という漫才づくりのワークショップや「お笑いコンテスト」などのイベントも開催していきました。

このキッザニアでのアクティビティとワークショップの成功から、義務教育の現場である小・中学校で笑育を実践する試みへとつながっていきます。

ワークショップなどから笑育に興味を持った小学校の教師がかかわり、2012年11月、大阪市立新東三国《ひがしみくに》小学校で初の授業が実現したのです。

2014年末には、大阪府教育委員会とともに、大阪府下の10の小・中学校で笑育の取り組みを実施。2015年には、大阪府立金岡《かなおか》高等学校で初の通年授業（全10回）を行い、1学年360名が参加しました。

これらの授業がテレビ、新聞など多くのメディアで紹介され、さらに多くの小学校、中学校、高校へと広がっていきました。

笑育は「漫才づくり・発表を行うことでコミュニケーション力、プレゼンテーション力などの諸能力を育てる」「芸人からユーモアのセンスを学ぶことで、コミュニケーションが円滑になる」というシンプルなコンセプトから始まりました。

そこからさらに笑育の可能性を広げ、エビデンスをとるため、2015年にはプロジェクトに教育学者が参加し、教育学的な見地から笑育を体系化していく取り組みが進められました。

■研究者を交えたプログラムの開発

なぜ漫才づくりやパフォーマンスを行うことで、コミュニケーション力、プレゼンテーション力、発想力、編集力、問題解決力などの諸能力（21世紀型能力）が養われるのか。そこを解明することが、笑育メソッドの開発において重要なひとつの指針となりました。

そこで、教育学者の井藤元《いとうげん》らが「伝えること」を本務とする松竹芸能のタレント（お笑い芸人、落語家、アナウンサー、俳優）34組54人に聞き取り調査を実施しました。

プロのお笑い芸人が「ネタづくり」「舞台上でのパフォーマンス」の場面において、どんな点に留意しているかをインタビューで聞き出していったのです。お笑い芸人以外のタレントには、「人に何かを伝えるうえで心がけていることは何か」ということを聞いていきました。

そうして彼らが意識的、または無意識的に行っていることを言語化したところ、「笑い」を創造する芸人に求められている能力が21世紀型能力と一致するということがわかったのです。

では、逆に言うと、プロのお笑い芸人たちはどのようにして諸能力を身につけていったのか。

改めて芸人たちの聞き取り調査の結果を分析し、そのなかから**子どもたちが諸能力を育成するのに必要なプロセスを抽出して、そのメソッドをまとめたのが笑育指導要領です。**

指導要領をもとに、授業のベースとなる5回のプログラムを組み立て、各学校や発達段階に合わせてアレンジしながら授業を実践していくことで、笑育はさらに広がっていきました。

大阪市立白鷺《しらさぎ》中学校では、2016年に1年生175人を対象に中学校では初となる全10回の連続授業を行いました。

その後、継続的に導入していくことが決まり、翌2017年にも1年生に向けた授業を実施しています。

さらに、前年に笑育を体験した2年生の生徒にも授業を受けさせたいという学校側の要望を受け、コントづくりの授業を行いました。前年に全10回のプログラムをこなした生徒たちは、すぐにコントを作ることができました。

実際に授業を行い、高い効果を実感している学校は多く、定期的に導入していきたいという声は年々増えていっています。

2016年5月-7月	東京理科大学 特別講座
2016年7月	福島県飯舘村立草野・飯樋・臼石小学校
2016年9月	福島県飯舘村立飯舘中学校
2016年9月-10月	大阪市立白鷺中学校
2016年10月-12月	神奈川県横浜市立公田・下野谷・綱島・中尾・峯小学校
2016年10月	大阪府富田林市立彼方小学校　※保護者対象
2016年11月	長崎県東彼杵郡波佐見町立中央・南・東小学校（3校合同）
	大阪市立桃陽小学校
2016年11月-12月	東京理科大学 特別講座
2016年12月	福島県飯舘村立草野・飯樋・臼石小学校（3校合同）
	東京都北区立西ヶ原小学校
2017年5月	東京都武蔵村山市立第十小学校
2017年5月-6月	東京理科大学 特別講座
2017年7月	東京都品川区教育委員会　※教員研修
2017年7月-10月	鹿児島県鹿屋市立笠野原・上小原・花岡小学校
2017年9月-11月	大阪市立白鷺中学校
2017年10月-12月	長崎県大村市立大村・鈴田・三浦小学校（3校合同）
	大阪大学産学共創本部
2017年10月-2018年1月	幸いづみ保育園
2017年10月-11月	東京理科大学 特別講座
2017年11月-12月	長崎県東彼杵郡波佐見町立中央・南・東小学校（3校合同）
2017年12月	福島県飯舘村立草野・飯樋・臼石小学校
2018年1月	大阪府立大東市立深野中学校

笑育導入校一覧

2012年11月-2013年1月	大阪市立新東三国小学校
2013年10月	大阪府枚方市立長尾中学校
2013年12月	大阪市立大和田小学校
2014年6月	私立帝塚山学院小学校
2014年7月	大阪市立大和田小学校
2014年10月	大阪府堺市立中百舌鳥小学校
2014年12月-2015年2月	大阪府泉大津市立上條小学校・茨木市立水尾小学校･大阪市立梅南小学校・堺市立福泉東小学校･大東市立深野中学校・豊能郡能勢町立東能勢中学校・羽曳野市立羽曳が丘小学校・東大阪市立小坂中学校･枚方市立楠葉中学校・岬町立多奈川小学校（大阪府教育委員会と共催）
2015年1月	大阪府池田市立石橋中学校
2015年4月-2016年3月	大阪府立金岡高等学校
2015年6月	京都府向日市立第3向陽小学校
	大阪府豊能郡能勢町立歌垣小学校
2015年7月	大阪府寝屋川市立教育センター
2015年9月-12月	大阪府池田市立石橋小学校
2015年10月	大阪府池田市立石橋南小学校
	長崎大学教育学部附属中学校（学園祭で実施）
2015年11月	長崎県東彼杵郡波佐見町立中央･南･東小学校（3校合同）
2016年3月	ODキャンプ(起立性調節障害の子どもたちを対象に実施)
2016年4月	福島県飯舘村幼稚園
	福島県飯舘村立草野・飯樋・臼石小学校
2016年5月	よこはま教師塾アイ･カレッジ　※教員研修

■教育現場の課題に応える

笑育は、21世紀型能力を身につけることを最大の目的としていますが、それ以上の効果を期待して導入する学校があります。

ここでは、**受講者個人がさまざまなスキルを身につけるという目的を超えて、多様な課題の解決のために笑育が応用されている**例を紹介します。

●被災地復興

2016年、福島県飯舘村《いいだてむら》立草野《くさの》・飯樋《いいとい》・臼石《うすいし》小学校（3校合同）と飯舘中学校で笑育を行いました。

飯舘村は、福島第一原発事故による全村避難中で、小学校は隣の川俣《かわまた》町に、中学校は福島市飯野《いいの》町に仮設校舎を置いています。

「村の子どもたちは、人とのコミュニケーションがあまり得意ではない。特に、被災して全村避難した後は、余計にその傾向が強くなっているようだ。『笑育』を通して、子どもたちの気持ちを前向きにすると共にコミュニケーション能力を高めたい」という村長からの要望で実現しました。その効果も少しずつ表れはじめています。

同村は2017年3月31日に一部地域を除いて避難指示が解除され、少しずつですが村に戻る人も増えています。また、2019年4月には村内で小・中学校が再開される予定です。

村で行う魅力ある教育のひとつとして、今後も笑育を続け、子どもたちのコミュニケーション能力や元気を育むと共に、1人でも多くの子どもたちに村の学校に通ってもらい、飯舘村の復興につなげていきたいと村長は語っています。

●「中1ギャップ」対策

中1ギャップとは、小学校から中学校に進学した際に新しい環境になじめず、不登校やいじめなどの問題行動が増えるという現象を指しています。

その主な要因は、小学校から中学校へあがった際の学習内容や人間関係の変化にあると言われています。

長崎県大村《おおむら》市では、2017年に、同じ中学校に進学する小学校3校の6年生を対象に合同で笑育授業を行いました。

笑育を通して、互いにコミュニケーションを図り、中学校入学後の良好な人間関係を築いてもらおうという試みです。

●不登校予防対策

２０１８年4月から小学校6校で笑育を導入する東京都狛江《こまえ》市では、不登校予防対策を目的のひとつとしています。

狛江市は２０１７年度に文部科学省「いじめ対策・不登校支援等推進事業」並びに東京都教育委員会「教育支援センター（適応指導教室）機能強化モデル事業」を受託し、不登校予防対策に取り組んでいます。

不登校の未然防止のための取り組みとして、笑育でコミュニケーション力を育成したいという期待が寄せられ実現しました。

2

笑育の展開

笑育は小学校向けから始まり、その後中学、高校、大学へと広がっていきましたが、近年では、未就学児向け（保育園）プログラムや、社会人研修プログラムも開始されました。

■幼児教育へのアプローチ

基本姿勢や目的を理解したうえで受講してもらうことを重視する笑育では、これまで対象を小学生以上に限定して授業を行ってきました。

しかし、笑育で育成できるコミュニケーション力、発想力などは幼年期にこそ、学ぶことが重要であるという保育園からの強い要望を受け、２０１７年には川崎市の幸いづみ保育園で初の未就学児向けの授業を行いました。

同保育園では、開設2年目を迎えるにあたり、保育に目に見えるコンセプトを取り入れたいと考え「明るく楽しいコミュニケーション」の土台作りを目指し、笑育の導入を決めました。

全5回の授業では、基本となるプログラム（73ページ）を幼年向けにわかりやすくアレンジし、実施しました。

ここでは、幼児向けにアレンジした主なプログラムを紹介します。

幼児向けプログラム

第1回 オリエンテーション＋なりきり自己紹介

第2回 ボケの発想練習①
「穴埋めボケに挑戦」

第3回 ボケの発想練習②
「ものボケに挑戦」

第4回 ツッコミの練習
「間違いさがし」

第5回 漫才づくり
「どーも選手権」「漫才を体験しよう」

第6回 漫才発表会

●なりきり自己紹介

園児たちが「なりきりカード」（わかめ、電車、カニ、ゴリラ、ロボット、飛行機の5種類）をひき、そこに描かれているものになりきって自己紹介を行っていきます。

飛行機だったら、手を広げて飛行機の真似をしながら「〇〇（名前）です。好きな食べ物は〇〇です」というかたちで、1人ずつ前に出て発表します。

こうした動きを取り入れることで、園児たちが人前で話す緊張を和らげるというねらいがあります。

●穴埋めボケに挑戦

「正しいことと違うことを発想するとボケになる」ということを解説し、ボケを考えるレッスンです。
次の例題の（　）内を園児たちに考えてもらい、芸人が発表します。

> 例題
> 「1、2、3、4、（　　）」
> 「いちについて、よーい（　　　　）」

●ものボケに挑戦

道具を使って笑いを生み出す練習です。

スリッパ、ヘルメット、マントを用意し、通常の使い方に捉われずに自由な発想でボケを考えていきます。

「スリッパを使い自分の頭にのせてウサギ」などの例を芸人が見せ、子どもたちの自由な発想を促します。

「穴埋めボケに挑戦」と「ものボケに挑戦」では、発想の楽しさを実感してもらう目的があります。

●間違いさがし

「朝のあいさつは『おやすみなさい』ですね」というように、芸人が間違ったシチュエーションのコントを行い、子どもたちにツッコミのタイミングを体験してもらいます。

「違っているところがあったら、言ってね」と伝え、芸人が間違ったことを言ったタイミングで声をかけてもらうことで、ツッコミの考え方と方法を身につけます。

ともに幼稚園教諭一種、保育士（佐々木のみ）の資格を持つアゲインによる保育園での出前授業

幸いづみ保育園で授業を行う前、保育士から「とても引っ込み思案な子がいるので、無理に発表をさせないでほしい」という相談がありました。

初回の授業では、その幼児はほとんど言葉を発することができませんでしたが、2回目の授業では、自ら手をあげて発表をすることができたのです。そのほかの幼児も、自由に発言し、楽しむ姿が見られました。

今後、幼児向けのプログラムをより充実させていく予定です。

■社会人研修への応用

２０１７年には、社会人に向けた企業研修のプログラムが開始されました。

近年、ＩＴ技術の発達、生産性の向上などによる環境変化により、社会人として求められるコミュニケーションのレベルは高度化しています。

そうした状況下において、会社内外で、笑いやユーモアを交えたコミュニケーションを増やし、顧客との関係強化や職場内での人間関係の強化などを求める「対人能力アップ」に対するニーズが高まっています。

それを受け、笑育ではプロのお笑い芸人が講師を務め、**体感しながらコミュニケーションのポイントがわかる社会人向けの体感型研修プログラム**を開発し、これまでに松竹芸能の新入社員研修、七十七銀行の社員向け研修などをはじめさまざまな会社で実施されています。

研修では、受講生が笑いをテーマにさまざまなコミュニケーションワーク（自己紹介や漫才づくり）を行います。そして、プロの芸人によるフィードバックや振り返りなどのセッションを通じて、受講生は**「笑いが起こるポイント」を体験的に学ぶことができる**のです。

自己紹介や漫才づくりのワークは、受講生の「自分の好きなこと」をテーマに行っていきます。

同じ職場で働く受講者たちがお互いの好きなことを知ることで、仕事以外での個性を知ることができます。受講者は、職場での役割ではなく、そうした個人的なことからコミュニケーションをとることの効果や、良好な人間関係を構築するヒントを体感していくことができます。

ここからは、４時間で行うプログラムを具体的に紹介していきます。

社会人研修モデルプログラム

- イントロダクション
- ワーク1　コンパクトにインパクト
- ワーク2　レジリエンスと言葉の言い換え
- ワーク3　漫才づくり
- まとめ

●イントロダクション

まずは研修のねらい・進め方の説明、芸人による漫才の鑑賞を行います。

●コンパクトにインパクト

ビジネスや日常生活において、**新たに出会う人によい第一印象を残すことで、コミュニケーションが円滑になります。**芸人は、オーディションやテレビに出る際に、自分たちの印象を相手に残すことが不可欠です。

このプログラムでは、芸人が実践している自己紹介のメソッド（130ページ「ギャップ」「誇張」「偏愛」）を活用し、「コンパクト」に「インパクト」を残す自己紹介のポイントを体験的に理解することを目的に、ひとり30秒で受講者が実践していきます。

●レジリエンスと言葉の言い換え

仕事において、社内外の人に言いにくいことを伝えなければいけない場面がありますが、その際に、どのようにしたら相手に不快感を与えず、円滑に伝えることができるのでしょうか。

そうした場合、**ネガティブな言い回しをポジティブかつユーモアを交えた言い回しに転換することで、相手にいい影響を与えることができます。**

ここでは、講師のデモンストレーションを交えながら、さまざまな言い換えのポイントを理解するとともに、相手を不快にさせずに状況を面白く伝えるコツを学びます。

言い換えの4つのメソッド

- 状況を別のものにたとえる……「うるさい」→「動物園か！」
- ポジティブに言い換える……「走るな」→「走るなら、夢に向かって走れ！」
- 視点を変える……「また遅刻したのか」→「明日は私が遅刻するぞ」
- 趣味や好きなものに置き換える……「うるさい」→「ＡＫＢのコンサート会場か！」

こうした言葉の言い換えは、**ストレスを受けた時に回復する力である「レジリエンス」を高める**ことにも効果があります。

実際に自分に起こった嫌な体験などを、自分で言い換える、視点を少し変えてみることで、ストレス耐性を作っていくことができるでしょう。

●漫才づくり

最後は、芸人が漫才を実演し、仕組みとコツを解説したうえで、受講者たちに漫才を作って発表してもらいます。

お互いのキャラクターを知り、そのうえで協働して漫才づくりを行うこのワークでは、社会人として必要な、グループワークを行うシミュレーションにもなります。

最後に、芸人からのフィードバックを聞き、受講者たちが振り返りを行って

社会人研修の自己紹介プログラム「コンパクトにインパクト」で自己紹介後の確認を行う受講者たち

研修は終了します。

また、ここで紹介した社会人研修プログラムに加え、就活支援へのニーズが高まっていることを受け、笑育を使った**就職支援プログラムの開発**をはじめています。

漫才台本づくりの方法論をエントリーシートや論文などの書き方に生かし、パフォーマンスを就職面接などに生かす試みです。

3

教師育成に向けた笑育

■求められる教師像の変化

社会の変化に伴い、１９９６年にはじめて「生きる力」という言葉が文部省（当時）の学習指導要領で取り入れられ、２０００年には「総合的な学習の時間」

ができるなど、これまで徐々に教育改革が進められてきました。

しかし、小学校、中学校、高校の最終目的である大学受験で従来型の学力が問われている以上、現場の教師たちはそこを目指さざるを得ないのが実情でした。

2020年の大学入試改革では、センター試験をはじめとして多くの大学の入試方法が大きく変わることとなり、学校教育の現場でも、文部科学省が指し示す、従来の学力ではない総合的な力を育成する方向に授業をシフトしていく必要が出てきたのです。

そのため、今後は「総合的な学習の時間」がより有効に活用され、**アクティブ・ラーニングの重要性もより増していく**ことになるでしょう。

そうしたなかで、**これからの教師には「ファシリテーター」的な役割が求められていく**と言われています。

ファシリテートとは、「促進する」「物事を容易にする」と訳されますが、教育現場でいえば、児童・生徒たちが学習する「場」を設定したり、意見を引き出したり、整理したりするなどの、「学びを促進する役割」を指します。

これからの教師は、学ぶ対象に対して生徒たちが自ら意識を向けるためのサポートすることが必要なのです。

もはや教師と生徒の関係は、二項対立的な上下関係ではなく、**教師は生徒がよりよく問いと向き合うための「つなぎ」をする立ち位置になる**のです。

■笑育が育成する教師の能力

今後、教師の役割が変わっていくにあたり、**教師もまた、21世紀型能力の習得が求められます。**そうした意味では、笑育は教師にとっても有意義な視点にあふれているのです。

実際、品川区教育委員会の要望により、区が独特に採用した教員を対象とする研修としての笑育の授業が行われました。

また、東京理科大学では、教員志望の学生たちに向けた授業も定期的に行っています。教員志望の大学生に向けた笑育の授業では、教師による児童・生徒への声がけの仕方の工夫なども伝えています。

例えば、遅刻してきた生徒に「何で遅刻してきたんだ」と怒るのではなく、「今日は朝、何人おばあちゃん助けたん？」というような言い方をするなど、頭ごなしに遅刻を注意するのではなく、クスリと笑える注意の仕方をすることで教師と生徒の間にコミュニケーションは円滑なものとなります。

こうして**児童・生徒との会話に笑いを取り入れることは、授業を円滑にするだけでなく、授業以外においても生徒との関係づくりに役立ちます。**

ここでは、笑育で育むことのできる、教師にとって役立つ能力の一部を紹介します。

●空気を変える力

ファシリテーターとしてもっとも重要なのがその空間の「空気づくり」なので、プロの芸人たちの「空気を変える力」はとても参考になるでしょう。

芸人たちは、自分たちが舞台で漫才を披露する際に、袖から客席を見てその空気を敏感に察知します。客席全体が重たい空気になっていた場合、どうしたらその空気を変えることができるのかを考え、登場する時のテンションや第一声などを調整するのです。

観客の空気を読まずに漫才を行っても笑いは生まれません。**まずは場をあたためること**からはじめるのです。

さらに、空気によって、その日のネタを変えることも行っています。

そのためには、臨機応変に行動できる対応力も必要です。これらの能力は、教師にも必要な能力です。

授業を聴く姿勢がない生徒たちに対して、まずは空気を変えてから授業を行うのです。

笑育を受講した学生は、はじめての教育実習の場において「空気を変えることを意識し、実際に場をあたためることができた」と語っています。

●どんな相手とも協同する力

笑育で学べるコミュニケーション力は「誰とでも仲よくなれる力」と言いかえることが可能です。

優れた芸人は、誰とでも一瞬で距離をつめてかかわっていける力を持っています。コンビを入れ替えて漫才やコントを作るテレビ番組がありますが、彼らは実際にどんな組み合わせでも漫才を作り上げ、一定の成果を出します。**どんな状況であれ、相手と関係を構築して成果を出すということは、どの業種でも求められます。**

これはもちろん教師も同じです。仮に1クラス40人の生徒がいたとして、その全員と相性がいいわけはありません。たとえ相性が悪かったとしても、全員をこちらに向かせて授業を成立させなくてはいけないのです。

「この教師の授業は聴きたくない」と思わせたら、その時点で授業はうまくいきません。笑育指導要領の「芸人の『心構え』から学ぶ」（28ページ〜）で紹介した「（観客に）敵対心を抱かせない」という姿勢は、教師にとってとても重要なのです。

●発声法

教師にとって、声はとても重要です。

どんなに充実した内容を伝えようとしても、何を言っているのか伝わらなかったり、テンポが悪かったりすれば、内容自体のよさやわかりやすさは半減してしまいます。

芸人も同じで、いかにいいネタがあっても、間やテンポ、滑舌などの発声が下手なら、その面白さは半減してしまいます。

発声やテンポを学ぶことは従来の一斉授業でも役立ちますが、課題の難易度がより高いアクティブ・ラーニング型授業では、よりその効果を実感できるでしょう。

発声やテンポなどという繊細な部分を意識することで、児童・生徒の興味を引いたり、気分を高めたりすることができるのです。

●脚本力／構成力

お笑い芸人は、例えば漫才台本を作る際、1つのボケを、ネタの最初、中盤、最後と、どこに挿入するかで印象がまったく異なるということを自覚したうえで構成を考えています。

教師が作る指導案には、導入、展開、まとめという項目がありますが、これは漫才台本と一緒です。

漫才では「ツカミ」「展開」「オチ」となります。

こうした構成力は、授業づくりにも非常に役立ちます。

1コマ50分という時間をどう展開していくのか、その構成次第で授業の印象はまったく違うものになります。

また、授業づくりにおいても、「どういう生徒に向けている授業なのか」を明確にして構成することは、漫才で置き換えれば観客を知ること（「③他者に対して興味・関心を持つ（他者の話を聴く）」31ページ）と一緒です。

相手（生徒）を十分に理解して授業を組み立てていくことが求められるのです。

4

新学習指導要領と笑育

今、教育は転換の時を迎えています。

新しい学習指導要領が２０１７年３月に告示され、小学校では２０２０年度、中学校は２０２１年度から全面実施となります。

次期学習指導要領では、これからの時代に必要な「資質・能力」の育成が強調されています。

今後、子どもたちは知識・技能の習得だけでなく、それをうまく活用して未知の問題を解決していく力がよりいっそう求められていきます。さらに、**考え方や感じ方の異なる他者とアイデアを出し合いながら、答えのない問いに向き合っていく力も必要となる**でしょう。

そうした力を育むために、教育界では「主体的・対話的で深い学び」（アクティブ・ラーニング）を通じた質の高い学びの実現が目指され、教育過程の改革が進められているところです。

笑育はそのような時代の流れにもマッチングするプログラムです。「主体的・対話的で深い学び」においては、他者とのコミュニケーション（他者に自らの思いを伝えること、他者の思いを受け取ること）が不可欠ですが、その力の涵養《かんよう》は笑育の根本テーマです。

例えば、笑育の中心課題である「漫才づくり」では、以下の4点の課題が含まれています。

①価値観の異なる他者（相方）と協働でひとつの作品を作り上げること
②自分自身を深く知り、どのような自分を打ち出していけば自らの個性を十全に発揮できるかを認識すること
③他者（観客）に合わせて自らの伝えたい内容をスムーズに伝達するための工夫をすること
④言葉を洗練させて、限られた時間のなかで伝えたい内容を無駄なく配置すること

これらの課題に意識を向け、漫才づくりというひとつの課題に取り組むなか

で、笑育の受講者は21世紀型能力を育んでいくことになります。

笑育は、これからの教育が取り組むべき課題の基礎となる力を育むことのできるプログラムだといえるのです。

笑育受講生と教師の感想

「話すことがまぁまぁ得意になりました」

初めは、芸人さんが漫才をやるのを見て、「これを人の前でやるのはすごく恥ずかしい」と思っていました。

でも、発表をする時には、もう初めの時の気持ちがなくなっていました。そのおかげで発表も大きな声でできました。

わたしは、自分たちのネタがあまり笑ってもらえないんじゃないかと思って心配でした。でも、みんなに笑ってもらえ大成功でした。

笑育が終わって、わたしは人前で話すことがまぁまぁ得意になったし、笑育をやってよかったと思いました。

飯舘村立草野小学校５年　杉岡佳朋

「楽しく学んだ笑育」

僕は、初めて笑育をやりました。最初は、楽しそうだけど難しいかなと思っていました。１時間目は、まず、アゲインさんがネタを見せてくれ、５年生のみんなが爆笑しました。２時間目は、セバスチャンさんのネタを見て、みんな笑いにたえられなかったです。

そして、友達とコンビを組み『ようつべゲームス』という名前も決めました。３時間目は、２時間目の後に自分たちで作った漫才のネタを発表しました。みんなのネタがすごくよくて、大笑いしました。

笑育を体験して、人とのかかわりが楽しくなり、あまり緊張しなくなりました。

飯舘村立飯樋小学校５年　鴨原悠生

「笑育で得た３つの力」

僕は、笑育をやっていろいろな力がつきました。

１つ目は「コミュニケーション力」です。ネタづくりや練習の時、相手とたくさん話し、心を通わせます。２つ目は「表現力」です。漫才を作るときには、どうやったら見ている人に分かりやすいかを考えます。これは、表現力に関わることだと思います。３つ目は「発信力」です。笑育の後、ぼくたちは児童集会でも発表しました。ふつう大勢の前で２人で芸をすることはないです。笑育のおかげで多くの人に発信することができました。集会ではドキドキしたけど、５年生のみんながかんばっているのを見て、ぼくらもがんばれました。

飯舘村立飯樋小学校５年　荒 悠斗

「発表することが好きになりました」

わたしは、３回中２回、笑育の授業に出ました。

１回目は、漫才師の方が漫才を見せてくれました。２回目の時は欠席し、受けられませんでした。そのせいもあり発表のための漫才を考えるのがとても大変で苦労しました。

なるべくおもしろくなるように考え、コンビ名は『お金スクイーズ』。数に関わる内容で、伝わるように表情、テンポ、声の大きさ、動きを工夫してたくさん練習しました。

３回目の発表の時は、恥ずかしがらずにどうどうとできました。笑育で、みんなの前で発表することが好きになってきました。

飯舘村立臼石小学校５年　佐藤亜紀

「今、教育に笑育が必要な理由」

福島県飯舘村の小中学校では、2016年から、笑育を学校教育の場に取り入れています。では、笑育で何が育つのでしょうか？

まず、来校した芸人さんが、子どもの考えや表現をとことん褒めてくれます。これは、子どもの発想力や創造力を引き出すには大切な指導法で、教師にとっても見習うべきところが多々あり、子どもたちは自信をもって活動に取り組めるようになります。また、何よりも「羞恥心を捨てて人前でネタを話す」というのは、そう簡単にできるものではありません。しかし、この一線を越えた時、認められネタを笑ってもらうことが気持ちよくなります。まさに創造したことを表現し、認めてもらう……この繰り返しによって自己肯定感が育つのです。現代に欠けている力が、この笑育によって育まれていくのかもしれません。

飯舘村立草野・飯樋・臼石小学校校長　吉川武彦

「おもしろいだけじゃない、
笑育で子どもが変わる」

まずは、芸人さんの漫才で大笑い。他の学年の子どもたちや先生方も集まって来て、５年生教室は毎回大賑わいです。

恥ずかしがり屋で、声も小さい子の多い我がクラスのメンバーが、３回の笑育の授業で全員発表まで行けるのかと、期待と不安の入り混じった気持ちで見守っていました。それなのに、ズレ漫才づくりや穴埋めなどテキストに従ってさくさくやっているではありませんか。ネタ作りと発表練習まで、こちらの心配をよそに順調に進みました。

発表当日、芸人さんたちの派手なリアクションに助けられ、大うけした子どもたちの顔はきらきらと輝いていました。

飯舘村立飯樋小学校５年担任　菅野百合子

「学級の雰囲気がさらに明るくなりました」

もともとお笑いの好きな明るい６年生だったので，大喜びで取り組みました。

担任が進行と説明をし、半田（あかり）さんに手本を示してもらうという役割分担で進めたのでやりやすかったです。

子どもたちは、くじで決まった相方とテーマを決め、どんな内容でみんなを笑わそうかと一生懸命に話し合いました。なかには、どうしたらいいかわからずに困ってばかりのペアもありました。普段であれば「他の友達に任せよう」とあきらめてしまうところですが、ネタをばらしてしまうことになりかねないので、「とにかく２人でなんとかしなければ」と必死に話し合い、その子たちなりに作り上げました。

漫才を見た時には担任として、とても嬉しく思いました。学級の雰囲気もさらに明るくなり、児童理解も進み、よい取り組みだったと思います。

鹿屋市立上小原小学校６年担任　小原志穂

「人を笑顔にする楽しさを知ることができた」

ぼくは笑育を終えて、少し人前で話すことができるようになったと思います。また、小学６年生との交流で仲も深まったと思います。発表会では、とても緊張したけれど人を笑顔にすることの楽しさというものを知ることができました。

他のグループも短い時間で細かいところまで仕上げていたり、学園祭で発表したグループが大勢の前で堂々と漫才したりしていてすごいと思うとともに、お笑い芸人が大勢の人の前で漫才することのすごさを実感しました。

ぼくは人前で発表することは苦手でしたが、セバスチャンや半田さんのおかげで楽しく漫才することができました。

鹿屋市立花岡中学校　田村弥太郎

「誰も嫌な思いをしない
『純粋な笑い』のおもしろさを学びました」

今回の笑育の活動では、学年発表会・全校文化祭・そして角座（劇場）の本番と、３回にわたり、漫才をする機会に恵まれ、たくさんのことを学ぶことができました。

まず、人を笑わせるには、間をとることが必要だということ。また、漫才をする時は、漫才をする側の主観だけでなく、観客側からの見る目を、客観的に考える必要があること。そして何より、誰ひとり嫌な思いをすることのない「純粋な笑い」の本当のおもしろさを学びました。

現在、僕は生徒会長をしています。笑育での特別な経験や体験が、今の自分に、そして将来の自分に大きく活きることを、僕は確信しています。

大阪市立白鷺中学校生徒会長　辰野浩一

「キャリア教育の一環として」

本校では、学校教育目標のひとつにキャリア教育を掲げ、子どもの基礎的・汎用的能力の育成に積極的に取り組んでいます。今回の笑育の取り組みでは、事前・事後の生徒アンケートによる効果測定からも、基礎的・汎用的能力（特に自己理解・自己管理能力）の向上に大きな効果があるという結果が出ています。

また、笑育は、学校と学校外の教育資源の連携により、子どもたちだけでなく、教員にとっても、たくさんの学びがある、とても素敵な活動でした。

松竹芸能さん、本当にありがとうございました。そして、これからもどうぞ、末永くよろしくお願い致します。

大阪市立白鷺中学校指導教諭　青木信一

「アクティブ・ラーニングに対応する教師に必要なもの」

笑育を受講してよかったと本当に思いました。協力することの大切さや、何かを達成していく喜びを短期間で感じることができました。今後求められるアクティブ・ラーニングに対応できる教師になるために必要なものをこの講座で学ぶことができたと思います。

芸人さんのツッコミやネタも面白く、ネタが細かく考えられていることに驚きました。ツッコミも次のボケにつながる要素になっていて、お笑いの本質を知り感心しました。私は教員志望なので、こうした次につなげていく話し方を教育実習で実践できればなと思いました。例えば、生徒が間違えた回答をした時に、その誤解答から理解を深めていけるような授業展開をしていきたいです。

今、私は実際に高校で働いていて、笑育のことを現場の先生に話したら「その試みはとても良いね」「教師はひとつのエンタテイナーだからしっかり学んでいろいろ教えてほしい」と言われるほどです。

東京理科大学理学部　金井光生

「緊張をあまり感じなくなりました」

私は普段から緊張しがちで、人前に立つとあがってしまう質でした。

笑育では毎週、人の前に立つ機会があり、最初はあがってしまい、頭のなかが真っ白になってしまうこともありました。しかし、最後の漫才では、適度な緊張のなか、しっかり最後まで練習の成果を出すことができました。1週間本気で取り組み、練習に練習を重ね、2分間の漫才を考え抜いたことが自信になり、当日はあまり緊張しませんでした。

これから教師になりたいと考えているので、授業づくりについてもみんなにわかりやすい展開になるよう意識して頑張っていきたいです。

東京理科大学理学部　八下田和生

「採用試験で使える」

今まで意識してこなかったけれど、自己紹介は相手に自分を知ってもらうためにしているのだから、今日学んだ「ギャップ」「誇張」「偏愛」などをうまく活用すれば、相手への印象を操ることもできるのではないかと思った。

笑いをとる、とらないに関係なく、今日学んだ方法を応用すれば、さまざまな場面で人の興味をひいたり、印象づけられたりすると思った。

先輩から、笑育でやったことが採用試験ですごく使えたという話を聞いた。すでに今日やったことだけで、「こんなふうに使えるのか！」と思うようなことがたくさんあって、感動、関心しきりでした。

私は伝えるのがヘタクソなので、笑育で表現力をつけられたらなと思った。

東京理科大学理学部　西野仁美

「インターンで役立った」

笑育メソッド自己紹介編で、最初は「誇張」や「偏愛」を使ったテクニックが思い浮かばなかった。それどころか、自分の好きなことすらまともに思いつかなかったが､芸人さんの助けで「歩くことが好き」という平凡なことをおもしろく自己紹介につなげることができた。

人からよく「自分の殻に閉じこもっている」と言われてきたが、それを自分でも変えたいと思っていた。笑育で「自分の好きなことを全面に出す」ことが自分を表現することにつながると気づけた。

また、前回の笑育の後、学校インターンで高校に訪れた際、自己紹介で「ポケモンGO」の話をしたら生徒にけっこうウケていた。その後、レベルを聞かれて共通の話題もできて、生徒とのコミュニケーションがうまくいきました。

東京理科大学理学部　櫻井理人

「笑育でしか身につかないスキルを習得できた」

本当に楽しい５回の授業だった。毎日、漫才台本を書いて、それを試すのが本当に楽しくて、この機会をくださった先生をはじめ、関係者、芸人さんの方々には感謝の気持ちでいっぱいです。

教育に関わることでいえば、人前に立つときに必要なスキル、授業を構成するスキル、さまざまなタイプの人と関わるスキルなど、笑育でしか身につかないスキルを習得することができたと思う。

もともと人を笑わせることが大好きで、「笑い」をどうにか授業に取り入れたいと思っていたので、この取り組みを通して教師に必要なスキルのレベルが上がりました。

東京理科大学理工学部　八坂聡

「人生を豊かにしてくれる」

お笑い芸人が保育園にやってくると、子どもたちは大喜び！　はじめは恥ずかしがっていた子どもたちも回を重ねるうちに表情や言葉がどんどん豊かになっていきました。最終回では、年長児が２人１組で保護者の前で漫才師に。ここでの拍手や笑いは、子どもたちの大きな自信と思い出になるとともに、最高の笑顔を引き出してくれていたように思います。

初年度(2017年)は5回のプログラムを行い、「笑いは人を楽しませることができるが､やり方を間違えると人を傷つけることもある」「笑いに正解は無いし、間違いも無い。自由に発想しましょう」と貴重な学びをいただきました。

何より、日常のなかのユーモアは、小学校での友だち関係はもちろん、大人になっても円滑な人付き合いに欠かせません。きっと子どもたちのこれからの人生を豊かにしてくれるものと期待しています。

幸いづみ保育園園長　小泉正子

おわりに

松竹芸能株式会社は、2017年で創立60周年を迎えた、いわゆる「お笑い」タレントが所属する芸能プロダクションです。「お笑い」といっても、落語や漫才はもとより伝統芸能である三味線や、コントやものまねをする芸人やダンサーを始め、今ではアナウンサーやコメンテーターなどの文化人、アスリート、そしてユーチューバー芸人までが所属しています。

松竹芸能の親会社である松竹株式会社は、120年の歴史のなかで、映画と演劇をその中核事業として、伝統の継承と革新を繰り返してきました。

映画では『男はつらいよ』や『釣りバカ日誌』、演劇は歌舞伎や新派・喜劇という、常に「ヒト」の生き様や人情を描いて、人の心に響かせ、潤いを与えるという人間中心主義を譲れないポリシーとしてきました。

これまでのエンタテインメントといえば、映画も演劇もお笑いも、お客様とのコミュニケーションの手段ではあったものの、伝える側は必ず舞台に、受け取る側は客席にいる、という構図でした。

笑育は、そうした「伝える側」と「受け取る側」の構図を取り払ったら面白いことが起こるのではないか、という新たな挑戦でもあります。

芸人と一般の人が同じ場で一緒に表現する。その結果、今まで味わったことがない自己開示が可能になり、本当の成長を実感できるのです。

私たちはこの活動を、今後、教育や研修だけでなく、新たな人との出会いや心と心の交流の実現として、さらにAIの時代に負けない人間力を高めるリベラル・アーツのひとつのあり方として広げていきたいと考えています。

松竹芸能株式会社代表取締役社長　関根康

紹介

松竹芸能事業開発室「笑育」プロジェクト

関根康（松竹芸能株式会社代表取締役社長、事業開発室長）
宮島友香（松竹芸能株式会社事業開発室室長代理）
卯野友美（松竹芸能株式会社事業開発室）

「笑育」公式ホームページ
https://www.shochikugeino.co.jp/waraiku/

監修者プロフィール

井藤 元（いとう・げん）

1980年生まれ。京都大学大学院教育学研究科博士課程修了。博士（教育学）。日本学術振興会特別研究員（DC2）などを経て、現在、東京理科大学教育支援機構教職教育センター准教授。2015年より「笑育」の監修に携わる。著書『シュタイナー「自由」への遍歴―ゲーテ・シラー・ニーチェとの邂逅』（京都大学学術出版会、2012年）、編著『ワークで学ぶ教育学』（ナカニシヤ出版、2015年）、『ワークで学ぶ道徳教育』（ナカニシヤ出版、2016年）、『ワークで学ぶ教職概論』（ナカニシヤ出版、2017年）、『ワークで学ぶ教育課程論』（ナカニシヤ出版、2018年）など。

編集協力　清田麻衣子

笑育《わらいく》

「笑《わら》い」で育《はぐく》む21世紀型能力《せいきがたのうりょく》

印　刷　2018年4月15日

発　行　2018年4月30日

著　者　松竹《しょうちく》芸能《げいのう》事業《じぎょう》開発室《かいはつしつ》「笑育《わらいく》」プロジェクト

監修者　井《い》藤《とう》元《げん》

発行人　黒川昭良

発行所　毎日新聞出版

〒102-0074
東京都千代田区九段南1-6-17　千代田会館5階
営業本部　03（6265）6941
図書第一編集部　03（6265）6745

印刷・製本　光邦

ISBN978-4-620-32512-5